高情商管理

沈培亮 ◎ 编著

中国纺织出版社有限公司

国家一级出版社
全国百佳图书出版单位

内 容 提 要

"管理即管人。""管理就是通过他人把事情办妥。"管理在很大程度上是一种处理人际关系的艺术,而情商的高低在处理人际关系的过程中起着非常重要的作用。因此,任何一个管理这都要致力于提升自己的情商。

本书从实用的角度出发,搜集了各行业出色的管理者的管理经验,融理论指导性与实际可操作性于一炉,语言精妙,文字洗炼,告诉管理者怎样炼就提升情商,成为最受欢迎的管理者。

图书在版编目(CIP)数据

高情商管理 / 沈培亮编著 . --北京:中国纺织出版社有限公司,2019.11 (2019.11重印)
ISBN 978-7-5180-6557-8

Ⅰ.①高… Ⅱ.①沈… Ⅲ.①企业领导学—通俗读物 Ⅳ.①F272.91-49

中国版本图书馆CIP数据核字(2019)第180589号

责任编辑:闫 星 责任印制:储志伟

中国纺织出版社有限公司出版发行
地址:北京市朝阳区百子湾东里A407号楼 邮政编码:100124
销售电话:010—67004422 传真:010—87155801
http://www.c-textilep.com
E-mail:faxing@c-textilep.com
中国纺织出版社天猫旗舰店
官方微博http://weibo.com/2119887771
三河市延风印装有限公司印刷 各地新华书店经销
2019年11月第1版 2019年11月第2次印刷
开本:880×1230 1/32 印张:5.5
字数:120千字 定价:68.00元

凡购本书,如有缺页、倒页、脱页,由本社图书营销中心调换

前言

现代社会，随着社会生产力的发展和科技的进步，管理学因运而生，任何一个企业，要想获得清晰的发展方向、提高运作效率，让每个员工充分发挥自己的潜能，都要注重管理的的作用。事实上，现代企业的竞争，已经毋庸置疑变成管理的竞争。而现代管理学强调管理的核心是人，也就是人本管理，它能调动人的积极性、改善组织结构和领导绩效，提高工作生活质量，建立健康文明的人际关系，达到提高管理水平和发展生产的目的。

在西方管理学界就有这样一句名言："管理即管人。"对此，管理学家劳伦斯·阿普利说："管理就是通过他人把事情办妥。"美国著名未来学家约翰·奈斯比特曾指出："未来竞争是管理的竞争,竞争的焦点在于每个社会组织内部成员之间及其外部组织的有效沟通上。而我们可以通俗地说，情商在处理人际关系的过程中起着非常重要的作用。

在美国，人们流行一句话："智商决定录用，情商决定提升。"不得不承认，我们现代社会，情商已经成为人们日常交往中的一种必要智慧，情商不仅是一个人获得成功的关键因素，而且高情商者还能够充分地发挥自身潜能、调节掌控情绪，从而与周围的人在接触中表现出自身良好的亲和力，并在生活工作中获得比别人更多的机遇，使成功的步伐的始终领先

于别人。

从某种程度上说，任何一个优秀的管理者，都应该学习如何提升自己情商，要懂得春风化雨，在"润物细无声"里达到管理企业的目的。而掌握了这种高超的管理艺术，会让你在管理活动中，进一步融洽与被管理者之间的人际关系，在这样和谐的工作环境中，员工的能动性就会被大大激发，工作热情和业绩都会相继提高，如此，一切按部就班，形成良性循环，相信这也是所有管理者梦寐以求的。

当然，任何一种能力，也包括高情商的获得都不是一朝一夕的事，不过，也并不是做不到，国内外大量的实践研究表明，掌握并合理运用如下一些基本技巧，对于管理者，在较短的时间内成功地提升自己的情商，还是大有帮助的。

智商诚可贵，情商价更高，那么，我们如何获得高情商，并正确地把情商这种特殊的技能运用到我管理工作中来呢？

本书正是是为企业中的管理者而编写的，本书针对管理过程中出现的问题，结合各种管理实例，为您系统、深入浅出地阐述了各种应对技巧，是一本非常实用、切合管理实际的管理类读物。希望这本《高情商管理》能成为您的枕边书，帮助您快速提升管理能力、提高管理效率！

目 录

第1章 战略统筹，部署到位才能有的放矢 ‖001

  部署详尽，兼顾各方面 ‖002
  协调发展方能达成共识 ‖005
  总览全局，用战略的眼光看问题 ‖008
  弹性策略，管理中伸缩自如 ‖011
  与时俱进，适时调整迎接挑战 ‖014
  科学筹划，每个步骤精确管理 ‖017

第2章 营造氛围，动情比动"刑"更有力度 ‖021

  坎特法则：管理始于尊重 ‖022
  充分信任你的下属 ‖025
  互惠定律：给予才能有收获 ‖028
  雷尼尔效应：营造舒适的空间 ‖031
  蓝斯登定律：创造快乐的工作氛围 ‖034
  同仁法则：员工是合作者 ‖037
  南风法则：良言一句三冬暖 ‖040

第3章 协调职能，和谐的旋律让工作更顺畅 ‖043

  衔接有序，每步工作皆能紧密连接 ‖044

001

　　　　协调内部与外部的环境　‖046

　　　　不和谐之处必须及时消除　‖049

　　　　切实加强部门间协作　‖052

　　　　抓住根源，迅速化解矛盾与冲突　‖056

第4章　决策实施，兴衰存亡可能就在此一举　‖059

　　　　羊群效应：独特的决断力更胜一筹　‖060

　　　　巴菲特定律：发现空缺，果断投资　‖062

　　　　儒佛尔定律：精明的预测能够作出有效决策　‖065

　　　　普希尔定律：拖延会毁掉好的决策　‖068

　　　　青蛙法则：危机意识不可或缺　‖071

　　　　隧道视野效应：决策需要远见和洞察力　‖074

第5章　人脉运作，挖掘与维护企业的关系网　‖077

　　　　250定律：从一个客户开始积累人脉　‖078

　　　　管理需要不断地维护关系　‖081

　　　　记住他人的名字，让对方倍感尊重　‖084

　　　　通过"中间人"使关系更融洽　‖088

　　　　达成共赢才能使利益最大化　‖091

　　　　善于笼络人心，巧妙"拉帮结派"　‖094

第6章　员工激励，让企业的生命力更旺盛　‖097

　　　赫勒法则：适度监督调动积极性　‖098

　　　肥皂水效应：委婉的批评更有效　‖100

　　　横山法则：让下属能够自发地工作　‖103

　　　马蝇效应：激发下属的竞争意识　‖106

　　　倒金字塔管理法则：给予下属权力　‖109

　　　激励倍增，赞美是鼓励的最佳方式　‖112

　　　比马龙效应：有效的施压实现激励　‖115

第7章　细节操作，微小之处往往决定大的成败　‖119

　　　多米诺效应：每一个环节都不要出差错　‖120

　　　细节管理是成败的关键　‖123

　　　蝴蝶效应：不要因小失误而酿成大错　‖126

　　　海恩法则：任何不安全事故都是可以预防的　‖128

　　　不要忽略身边的小人物　‖131

　　　注重言行，提高整体素质　‖134

第8章　改革之法，与时俱进才更有竞争力　‖137

　　　比伦定律：改革不要畏惧失败　‖138

　　　路径依赖：不要被旧模式禁锢　‖140

　　　快鱼法则：改革要迅速　‖143

高情商管理

　　　　达维多定律：适时淘汰，创造新契机　‖146
　　　　跳蚤效应：设定限制，会错失机会　‖149

第9章　危机处理，扭转乾坤反败为胜　‖153

　　　　未雨绸缪，暴雨来袭也能抵挡　‖154
　　　　史华兹论断：危机可能是机遇　‖157
　　　　吉德林法则：难题也要从容应对　‖159
　　　　信誉危机要尽全力避免　‖162
　　　　处理危机需要的是速度　‖164

参考文献　‖168

第1章
战略统筹，部署到位才能有的放矢

　　现代企业，如何才能在激烈的市场竞争中适应市场导向？这可能是所有企业领导者面临的问题。而反过来说，企业领导者是否能用战略的眼光发现企业管理中的各种问题，也关乎到企业的兴衰荣辱。然而，战略统筹管理不是经营战略，而是更高一层的整体战略，需要领导者在不断完善自身的同时，在管理上做到统筹兼顾、大胆创新，从而使企业在内外部都呈现和谐、繁荣的景象！

部署详尽，兼顾各方面

现代企业都为实现科学发展而努力，而实现科学发展的根本方法是统筹兼顾。所谓统筹兼顾，就是要求领导者在工作中做到总揽全局、协调各方、统筹规划、兼顾全面，充分调动一切积极因素，妥善处理各方面关系。

当前的情况是，很多企业都面临着正确处理国内市场与国际市场的、企业与政府、企业与公众、企业与媒体以及国家利益、企业利益和个人利益的关系等。而作为企业的领导者，很明显，他们担当着解决这一问题的重任。因此，他们必须自觉地运用统筹兼顾的根本方法，努力解决企业发展不够平衡、不够协调、不够全面的问题，进一步转变发展观念，创新发展模式，提高发展质量。

也就是说，一个领导者是否具有统筹兼顾的管理能力，事关企业各项机制能否和谐有序地运行。我们先来看看下面这个管理故事：

李主任是一个小领导，一直以来从事运营管理工作。但最近，公司有提拔他的意向，于是，公司希望他能同时兼顾店铺员工销售技能、产品知识以及提高员工士气等方面的培训。事实上，李主任也一直对培训方面比较感兴趣，但如何兼顾二

第1章 战略统筹，部署到位才能有的放矢

者，李主任实在头疼。后来，李主任不得不求助于从事培训工作的朋友。

朋友对他说："公司能够重视培训是很好的事情。一线员工是销售业绩的创造者，而培训是先行兵。

在培训实施方面，首先要调整员工的心态和士气，可以从企业文化宣导和团队建设活动入手。与销售管理者进行沟通，了解员工的实际需求后，针对所显现出的问题制定有针对性的培训解决方案，建立长期的销售培训机制。

而在培训员工前，你先和基层员工开个研讨会，让他们反映工作中遇到哪些问题，例如对产品功能特性有哪些不清楚的，客户有什么异议，与对手的产品相比有哪些优劣，怎样实施奖励提高员工士气等，大家畅所欲言，千万不要自己闭门造车。你收集好资料后写一份培训大纲，让领导批示后就开课。"

通过朋友的指导，李主任豁然开朗。

现实的管理工作中，可能很多领导者和李主任一样，需要管理的并不仅仅是某个方面的工作。一个领导者领导的组织越大，管理层级越多，越要懂得领导和管理的艺术。处于高层的领导者不仅要集中精力把握战略性问题，还要做好用人工作和对工作进程的督查，除此之外，还要做好深入基层了解情况这一不定期的非经常性的工作。

可见，一个领导只有做好各方面的工作，才能履行好自己的职责，抓好本职工作，给下属树立表率作用。

具体来说，需要领导者做到：

1.正确处理管理层与员工、生产层的关系

企业管理的目的并不是"管",而是达到资源合理配置、提高员工工作积极性,从而提高企业效益、促进企业持续平稳发展。

2.做好成本控制工作

要以生产为中心,以质量为核心,全面认真履行生产组织、质量保障、成本费用控制、安全维稳、队伍建设五大主要职能,全力支撑公司的发展。

3.把握好集权与分权的尺度,保护和调动工厂的积极性

一个善于领导的人,在工作中知道应该抓什么,不应该抓什么。例如,在推进一项工作时,领导应该抓的是方向、是目标、是结果的考核。即干什么、要达到什么样的结果,要做到心中有数。至于怎么干,用什么方法去干则应该交给下属。如果一项工作由多人合作完成,则用什么人,怎样分工也应该交给具体负责这一工作的人,不要插手下属的本职工作。

4.正确处理规范经营与运行效率的关系,使企业更加充满活力

当然,企业管理工作是一个系统工程。不可能一蹴而就,因此领导者在兼顾各方面工作时,也需要循序渐进。如果一味追求速度或者什么都要抓,那么,很可能会使你的工作陷入混乱。

第1章 战略统筹,部署到位才能有的放矢

协调发展方能达成共识

在信息经济时代,企业内外部环境的变化日益复杂,处理好企业内部和外部各方面关系、增强企业内部凝聚力、提高工作效率,以及利用内外部力量来增强企业竞争力,是企业领导者必须面临的问题。然而,在我国一些企业的管理实践中,管理沟通存在着很多问题,严重影响了企业的发展,之所以会造成这样的局面,是因为企业没有做好各方面资源的协调工作。这其中包括企业与员工、企业与企业、企业与政府和社会之间的关系问题,只有协调发展才能达成各方面的共识。事实上,找出产生这些问题的原因并寻求解决办法至关重要。我们先来看看通用公司是如何让员工和企业达成共识的:

通用公司经常召开不定期的员工大会。全球的CEO或13个业务集团的CEO以及其他高层领导到中国访问时,公司都会特别安排员工与他们进行面对面的交流,这是一种很难得的沟通机会,员工可以把自己的想法直接告诉公司的高层。得益于电子商务的便捷,通用的CEO,过去是杰克·韦尔奇,现在是杰夫·伊梅尔特,都会经常给全球员工发电子邮件,告诉大家公司业务的变化等情况,与员工分享他们的体验。

在杰克·韦尔奇再任期间,他几乎每个月都要去克劳顿村1~2次,21年里,他得以与通用的18000名经理进行了面对面的沟通。杰克·韦尔奇不喜欢发表演讲,而更愿意公开、广泛地与员工进行交流。与参加培训的员工交流之前,杰克

习惯提前将一份手写的便笺交给学员，上面写着准备讨论的一些问题。

人们曾经一遍又一遍地问过韦尔奇：你是如何把通用的价值观移到别处的？杰克·韦尔奇说："我们之所以能做到这一点，是因为它们本身就是极简单的价值观，那就是人的尊严和发言权。"

在通用，这种尊严包含了被重视、被关注、被在乎，而这一切来自他们的CEO。正是这种平等的沟通，使员工看到了自己的价值，进而实现了员工与企业关系的协调。

当然，任何一家企业的领导者，要想使整个企业都能协调发展，还必须努力做到以下几点：

1.企业内部各项机构、职能之间的协调

作为企业的领导者，只有做到先管理好内部，让一切运行有序，才能协调外部管理工作。

企业内部管理，如团队管理、学习型组织、企业文化、目标管理、标准化管理、人性化管理、无边界行为等管理思想和理念，其本质是团队沟通、学习沟通、文化沟通、制度沟通、情感沟通等一些管理沟通内容。

2.企业外部管理

企业外部管理，如供应链管理、客户关系管理、公共关系管理、企业形象系统、无边界行为、企业战略联盟等，其本质是供应商沟通、客户沟通、公众沟通、政府沟通、社会沟通，这也是管理沟通的重要内容。

第1章　战略统筹，部署到位才能有的放矢

因此，如何解决企业内外部的所有这些业务与人文分歧，是现代企业管理的根本任务。而通过卓有成效的管理沟通，实现企业全体人员对于企业各项业务运作要求的共识，并协调企业内外部人际关系，实现企业内外部人文环境的融合统一，则是现代企业管理沟通的根本目标。

3.为企业制订合理、和谐的发展目标

这包括三个方面的目标：

（1）短期目标。①建立统一集中的人力资源管理信息平台（即员工关系、薪酬福利管理、绩效考核等）；②实现准确、快捷的人力资源数据统计；③建立完善的人力资源管理体系

（2）中期目标。①实现统一规范的人力资源管理流程；②提升总体人力资源管理水平；③建立职业生涯规划体系；④实现人力资源无纸化管理。

（3）长期目标。①建立并推广能力模型；②大规模提升员工的技能及素质，为企业长远发展奠定坚实的人员基础。

总之，在现代企业管理中，企业内部和企业外部，即企业与供应商之间，与顾客之间，与政府、社会公众之间，与竞争对手之间均存在着各种各样的意见、立场、利益分歧。而管理沟通的根本任务，正是为了缩小和消除这些分歧。

总览全局，用战略的眼光看问题

作为企业的领导者，无疑是企业的带头人，企业领导者的素质如何、如何看待市场运营、销售等各方面的问题，都关系到企业的生死存亡。我们不难发现，一家企业，无论成败，都和领导者是否能纵观全局有一定的关系的。人们常说，一个人要想成功，必须要有自己的人生战略。实际上，这句话也同样适用于企业，领导者在为企业作出战略性规划时，一定要有长远的眼光，正所谓"真正的赢家必定是笑到最后的"。请看下面这个真实的管理故事：

胡先生是深圳一家小公司的总经理。金融危机期间，他的小公司不但没有倒闭，反而业务量骤升。这一点，让很多同行产生了巨大疑问。

一次和朋友聚会时，席间一个同行经销商谈到他们的业务主要在深圳和珠江三角洲一带，金融危机对它们企业的影响很大。

"您的公司企业如何？"

胡先生说："受到美国金融风暴影响海外订单确实减少，不过因为内地客户受金融风暴影响小，反而通过网站为企业带来了稳定的订单。"

这位经销商豁然开朗，要求看看胡先生的网站是个什么样子。由于这家公司是生产连接件产品，该产品比较细小，他们便在网站策划时特别增加了产品放大镜功能，以便帮助访问者

更加详细了解产品的细节，在使用恰当的推广方法后，为胡先生的公司带来了理想的业务量。

在人人自危的金融危机期间，胡先生的小公司为什么能岿然不动？这得益于他利用企业网站和网络营销手段，避免遭到金融风暴影响。可以说，胡先生就是一个懂得在大形势下总揽全局的人，他的做法值得其他企业借鉴和学习。

可见，作为企业的领导者，只有用战略的眼光看问题，树立战略观念，才能对社会经济的发展起到积极推动的作用。

所谓战略，就是指重大的带有全局性或决定性的谋略。战略观念的核心问题就是如何处理长远利益和眼前利益、局部利益和全局利益的关系问题。正确的战略观念来自实践，事物是不断发展的，所以战略观念离不开发展。战略观念和"因循守旧""不求进取"是相互对立的。

企业领导者要提高战略思维能力，树立全局观，应注重抓住以下几个问题：

1.注重理论武装，以丰富的理论修养与知识素养做支撑

很难想象，一个没有理论思维的领导者如何总揽和驾驭全局？而提高理论思维能力的根本途径就是学习，要通过学习强化知识。

2.注重信息扩展，开阔想问题、作决策的眼界和空间

在当今信息大爆炸的时代，信息已成为最重要的战略资源，它可以被提炼成知识和智慧，因而在战略问题的研究中越来越凸显作用。企业领导者对事关全局的重大问题要拥有战略

思维,必须以了解和掌握大量的信息为前提,这样方可开阔眼界,启发思路,作出具有远见卓识的行动决策。

事实证明,一个领导了解、掌握的信息量越大,知识面越广,思辨鉴别能力就越强,工作就越来越得心应手、应对自如,从而真正做到讲政治、谋大局、抓大事。

3.强化全局观念,培养凡事谋全局的思维习惯

树立全局观必须一事当前想着全局,思考问题、筹划工作,应依据全局的方针、政策、原则指导局部,切实吃透上头的,摸清下头的,形成自己的,创造性地抓好落实。坚持局部服从全局,在培养凡事谋全局思维习惯的同时,要注重谋略的锻炼。

4.强化求真务实,在实践中确立全局观。

"没有调查研究就没有发言权""没有调查研究就没有决策权"这两句话,充分说明了一个领导者如果不知道、不重视实践就会在战略上丧失主动权。鉴于此,领导者必须通过各种途径和手段力争了解和掌握多方面的信息。

总之,企业领导者提高战略思维能力,不是为了独善其身,孤芳自赏,而是为了解决领导工作中的实际问题。战略思维能力是否提高和提高之大小,必须以具体领导工作的实践成效之好坏作为检验标准。而为了取得好的实践效果,又必须善于以求实的精神开拓进取。

第1章 战略统筹，部署到位才能有的放矢

弹性策略，管理中伸缩自如

任何领导者都知道，企业管理是一个动态的过程，它是领导者根据一定的目的要求，采用一定的手段措施，带领员工对企业中的各种资源进行计划、组织、协调、控制，以实现企业发展目标的过程。而现实的管理工作中，有些领导满腔热情，事必躬亲，无所不管；也有一些领导就是个空架子，对企业问题置之不理。这两种管理方式都是值得商榷的。一个优秀的领导者，在管理中往往收放自如，做到"管"与"放"的结合，这就是企业管理的弹性策略。我们先来看看下面这个管理故事：

王刚是某公司财务部主管，承担着这家公司所有的收账入账问题，每天需要面对的是大大小小的数目，工作极为烦琐，即使如此，面对上级和下属们的各种问题，他都能做到小心应付。

一次，他正被公司的账目弄得焦头烂额时，会计小刘敲门进来，对他说："有些外债需要清偿，对方催得很紧，你看怎么办？"

王刚调整了下心情，对小刘说："我们应尽快增加收入。每个人都应负起还债的责任，债要尽快给人家清偿。你觉得还有什么办法？"听到主管这么说，小刘知道，考验自己的时刻到了。

案例中，王刚对下属说的话就是弹性语言。领导者这样说

话，不仅为自己思考决策争取了时间，同时，也为部下留下了解决问题的余地。

当然，在企业管理的过程中，弹性策略涉及的不仅仅是弹性语言，还需要领导者结合自己的工作实际，从优化企业管理、提高管理艺术的角度，针对具体情况加以运用，具体来说包括：

1. 弹性语言

"弹性语言"是指领导在做具体事的时候，运用灵活的语言，可将所说的话，所做的事，尽量留有余地。即可进可退的语言，但又别于模棱两可。

比如，在面对某些非答不可的问题时，你可以这样回答"考虑考虑""研究研究"（再作答复），以便为自己争取迂回的时间。

当然，高明的弹性语言，不会轻易掌握的。弹性语言奇就奇在可以回旋。

领导者学习弹性语言，必须坚守适中纯正的规则，不可失之偏颇。领导者运用弹性语言，可免遭部下怨恨，也免遭工作失利的境地。

2. 弹性人事

管理的对象是人，领导者在管理中自然免不了要与人打交道。高明的领导者懂得：弹性最能予己以主动，对人对事弹性处之，回旋余地自然很大。

例如，在如何和下属相处的问题上，既不可太亲密，也不

能太生疏；而对待自己的竞争者，既不要把他看做敌人，也不要把他看得太亲密。亲而不可太近，疏而不宜过远。取其弹性中段较宜。

对于做一件事，从理论上讲，要做就一定要做好，做的过程中可能会遇到麻烦，但从不定死哪件事不可做，叫做不见老底不回头。这就是对人对事弹性为本的策略。这个策略起码留有余地，保存实力，达到时时主动的功效。

3.弹性政策

企业的弹性政策可给人以长期稳定的假印象，也可为领导者集中权力做好宏观调控提供手段。

综观起来，弹性政策并不是不明确，但它却如春夏秋冬一般，虽生于地球但能交替变化，无论如何都能为执政者灵活运用。

领导者制定弹性政策的目的在于从原则上相对保证政策的连续性与稳定性。从精神实质上为领导者赢得一个大的回旋余地。像武侠小说中的回旋镖，击中目标就击中了，击不中，镖还回到自己手上，绝不至于陷入被动。

而制定弹性政策的原则是，增强方针政策在文字语言方面的笼统性和大原则性，减少它的具体性，以便随时按照政策需要修改政策内容。

 高情商管理

与时俱进,适时调整迎接挑战

现代社会,企业管理已经进入到文化、组织、战略多维管理时代,也就是人们常说的"三维管理沟通阶段"。因此,过去那一套简单的管理方法已经无法适应多变的市场了。在改革创新的大环境下,作为企业的领导者,若不能把握变革的需要,就会对公司造成毁灭性的后果。对此,很多领导者提出在企业管理上也应该与时俱进,从而适时调整、迎接挑战。但在一个大型组织中,说服管理团队或一线员工投身到一个重要的变革中并非易事。我们先来看看通用公司在管理创新上的经验。

杰克·韦尔奇提出的"无边界行为",打破了GE13大业务集团的界限。像"小公司"一样灵活,已经成为通用非常重要的管理价值观。通用所有部门的员工都已接受了这种工作方式,相互之间有非常好的沟通环境和团队合作的氛围。"无边界行为"不但不会和有序的组织管理发生冲突,反而它为通用创造了一种自由、轻松、平等的沟通环境。

通用电气公司开始谈论"绿色创想"时,解决了这一问题。首席执行官杰夫·伊梅尔特说:"寻找可持续性更高的经营方式,这种社会发展趋势显而易见,如果能乘此东风,我们就会为将来的发展而占得先机。通用电气公司开展了一次绿色审核,找出他们已有的在业内一流的绿色产品,并开始对雇员突出强调这些现成的绿色产品的领域。LED3照明系统(可以发出很亮的光,但所耗电力仅为其他系统耗电量的10%)就是这

样的领域。然后，通用电气公司就说："我们就是那种能在日益注重可持续性的新业务环境中获得成功的人"。

通用的变革成功了！这一成功得益于"无边界行为"的提出，杰夫·伊梅尔特说："他要把他的思想、公司的战略告诉通用全球的员工，员工的想法也与他沟通，建立相互理解、为了共同目标携手努力的氛围。当企业面临变革或危机时，最重要的事情就是与员工进行沟通。"

而事实上，许多企业却并没有将创新与调整管理办法落到实处。比如，有关变革计划的图表演示文稿中会有35张幻灯片用于分析变革的理由。但演示文稿中却没有任何内容来阐述如何帮助雇员相信"我们就是能成功实现这项变革的那种人"。

没有企业的领导者希望自己的企业面临落后和被市场淘汰的危机，那么，从现在起，领导者就要大胆尝试，敢于"开刀"，至于采用什么方式进行企业管理变革，你需要找准企业管理机制上存在的问题，对症下药，而要做到这一点，你必须首先做到：

1.更新观念，强化意识

当前，新学科、新知识层出不穷，对许多新事物的了解和掌握没有知识的基础是不行的。如果领导者不注意加强对新知识的学习，孤陋寡闻，学识浅薄，战略思维就沦为空谈，且不谈充当领导社会主义现代化建设的战略家，就连自己的本职工作都难以胜任。因此，现代领导者必须以高度的历史责任感和时代紧迫感，抓紧学习新知识。要把当代各个领域的新知识作

为学习的重点内容，学经济、学科技、学管理、学法律，学习一切需要学的东西，努力使自己成为某一方面的行家、专家。

2.以人为本，提高素质

实施管理创新的当务之急是提高领导者的素质，特别是提高科技素质。企业必须采取多种形式，加强干部培训，让企业在管理素质上有一个飞跃。

在进行管理创新的同时，也会带来新的问题，管理者必须养成严谨细致、雷厉风行、精益求精、求真务实的工作作风，解决精确管理"如何自觉""如何贴近""如何深入"的问题。

3.与时俱进，创新模式

人既是管理活动的主体，又是管理活动诸要素中最活跃、最积极、最具有能动性和影响力的客体。要提高新型管理模式的整体效能，必须在抓好以贯彻落实各项规章制度为主要内容的"硬管理"的同时，抓好以思想教育为主要内容的"软管理"，运用心理学、社会学、伦理学、美学等人文科学知识引导广大员工树立坚定的信念，充分激发和调动作为管理客体的人的主动性、能动性、创造性，推动精确管理取得最大效益。

总之，领导者只有认识到管理创新的重要性，并做好各方面的沟通工作，才能让企业摒弃过去几年甚至几十年延续的管理方法！

第1章 战略统筹，部署到位才能有的放矢

科学筹划，每个步骤精确管理

现代社会，随着信息技术的不断发展，任何一家企业都认识到自己在管理水平、效益水平上的不足。事实上，他们也都尝试过许多先进的管理理论和方法，但效果却不佳。这是为什么呢？主要原因是管理基础不好。技术可以超越，但管理阶段是不能跨越的。很多领导者通过管理实践证明，仅靠一种管理理论很难让我们的企业有实质性收获，必须要有组合式的、便于每一个员工的可操作、可复制的管理模式。

的确，管理过程是一个复杂系统，自始至终贯穿着两股巨大的流向：人力、物力、财力形成的"物流"；大量数据、资料、指标、报表等形成的"信息流"。"物流"作为管理活动的主体，其畅通与否决定着管理质量的高低。而"信息流"的畅通则是"物流"畅通的前提条件。提高管理的效率与质量，必须围绕信息收集、处理、传递和反馈开展管理工作，着力建立适合信息时代的管理结构和运行方式，实现管理的标准化、数字化、可视化、实时化，用科技手段推动管理工作由粗放走向精确，由模糊走向清晰。竞争莫过于精确。成功更在于精确和细节。

我们先来看下面这个领导者的管理教训：

刘洋归国后，在北京创建了一家自己的网络公司，生意一直红红火火。但年终进行账目审理后，刘洋发现，这一年来，居然根本没有赢利。到底是哪里出了问题？

 高情商管理

他找来财务人员才得知一直以来,他忽视了一个问题,网络公司在网站维护上的成本投入太多。而造成这一问题的又在于公司这方面人员繁冗,很多工作,由一个员工就可以解决,但却安置了太多的闲余人员。

之后,刘洋还针对公司的其他问题进行了更细致地考虑,比如,公司员工的奖金制度应该加以调整并细化;员工的考勤制度也应该明确化……

经过一系列的调整后,第二年的第一个月,刘洋就发现公司已呈现出一片大好的发展趋势。

的确,现代企业,无论大小,都不能实行"粗放式管理",更不能"个人说了算",企业要做到降低成本和增长效益,领导者就必须在管理上使每个步骤都精确化。

精确管理,顾名思义,就是工作要精细、做深、做透、做到位、做出高水平。它需要领导者在管理中做到:

1.精确的战略管理

战略管理不仅要提出企业发展方向,更重要的是要有战略实施的举措和行动方案。企业必须按照精确的战略管理思路狠抓落实,即结合企业的内外部环境,明确具体行动方案以及精确到每年的具体思路、举措和行动方案。

2.精确的财务管理

核心是"控制每一分钱,掌握每个环节"。

企业实行精确的财务管理必须加强三点:一是全面预算坚持刚性原则,落实到具体环节和每个人;二是加强企业的审

计工作，将事后审计变成事前审计，将惩罚变成指导与惩罚相结合；三是实行作业成本法，真正掌控企业的成本，将"糊涂账"变成"明白账"。

3.精确的人力资源管理

精确的人力资源管理要在招聘、使用、考核、培训和开发几方面进行具体化：

（1）在招聘方面，要结合企业实际需求，关注企业员工和管理干部的年龄结构、性别比例、文化层次等，并建立轮岗交流锻炼制度；

（2）在考核上，要不断完善绩效考核的管理办法，将日常考评和年终的绩效考核工作结合起来，同时更注重员工的职业发展规划；

（3）在培训上，注重课程设计，将岗位培训和学位培训结合起来，充分做好培训前的员工个性化学习需求的调查工作，满足员工职业学习的需要，提升员工职业技能，提高员工的企业忠诚度；

（4）在开发上，注重员工的工作倦怠和职业枯竭问题，释放员工的工作压力，创建相互信任的工作氛围和人际工作环境。

4.精确的市场营销管理

精确的市场营销管理是指按照市场细分的方法进行有效的客户定位，特别强调业务的市场调查工作和消费者心理研究，寻找企业中的大客户、高价值的商业客户和忠诚度高的公众客户，制定有效的市场营销策略，提升客户价值，提高企

业效益。

　　另外，领导者实施精确管理，要学会找出企业发展的优势和劣势，并在此基础上识别差异，创新目标，确定企业改革和发展的方向，从而不断提高企业的核心竞争力和绩效！

第2章
营造氛围,动情比动"刑"更有力度

　　随着社会文化的提高,人们自我意识和生活品质得以提升,人们不再只为生活而工作,而是把工作看做良好生活的一部分。因此,更喜欢选择令他们自我感觉良好的公司。因此,作为企业的领导者,只要始终爱护人、尊重人,承认员工的劳动和做出的成绩,构建企业上下良好的沟通系统,并让人才了解和参与企业的决策与管理,切实为他们提供各种必要的保障,营造一个"企业为我家"的软环境,就能很好地将人才凝聚在一起,从而使员工们毫无怨言地努力与奉献,才能从根本上稳定人心!

 高情商管理

坎特法则：管理始于尊重

我们都知道，人性最深刻的原则就是希望别人对自己加以赏识。威廉·詹姆士说过："人类本质中最殷切的需求是渴望被肯定。"汤姆·彼得斯和南希·奥斯汀认为，管理问题从根本上讲是人的问题，领导者只有尊重每一位员工，尊重每一位员工的价值和贡献，才能充分激发他们的积极性。对此，哈佛商学院教授罗莎贝斯·莫斯·坎特提出：

管理始于尊重，任何一个领导者应该认识到，尊重员工是身为领导者必备的素养，也是获得下属尊重的前提。

这就是著名的"坎特法则"。领导者管理的对象是人，不是机器。所以企业领导者应该建立一套柔性管理机制，补充刚性管理机制的不足。坎特法则讲的就是柔性管理中的一个原则：尊重员工。

什么是尊重？关于这一问题，可能很多领导者受到传统君主思想的影响，不知道如何尊重下属，其实，尊重下属是指员工的私人身份受到尊重，你只有做到这一点，他们才会感受到被重视，做事情才会发自内心，愿意为工作团队的荣誉付出。

李俊是一家大型外企的采购部经理，在工作上，他一直深受公司高层的赏识。他不仅是个工作狂，还希望他的下属也能

第2章 营造氛围，动情比动"刑"更有力度

和他一样，把所有的时间都花在工作上。

对待下属，他很严格，他要求他的下属在上班时间不得擅自离岗，不得做与工作无关的事情，不得闲聊，不得接打私人电话，所有的时间都用在工作上。

他还要求自己的下属养成"早到晚退"的习惯，让下属每天陪自己加班一个小时，即使下属无事可做，也要陪伴在身边。

他总是想方设法占有下属的时间，认为只有下属多做工作才能多出成绩。在他的管理下，下属总有做不完的工作，即便有些工作没有任何意义。

假如下属没有养成这种习惯，那么加薪晋职的机会就比较少，而且可能被他战略性地冷藏，再无出头之日，要么就是莫名接到调职或解雇的通知。

很多下属刚开始还能忍受他这样的安排，但大家的忍耐是有限度的，他们抱怨自己完全没有私人的空间，随时都被经理管制和监督，好像自己是被卖给了公司，他们的自由受到了严重的限制，他们快要疯掉了。李俊的工作也因此陷入了被动，士气低落，效率下降，人员流失，管理混乱等问题接踵而来。

事实上，现实中，有不少和案例中的李俊一样的领导者，他们认为员工喜欢逃避工作，经理必须加强管理，加强监督，甚至采取一些强制的手段，把员工的时间全部占有，让员工时刻都在自己的视线范围内。而在普遍提倡人性化管理的今天，这种管理风格显然要受到质疑和挑战。

事实上，领导者要做到尊重员工，还需要你做到尊重员工

的私人空间，即使上班时间，你也不要以为可以占用员工的所有时间，因此，你不应时时刻刻监督你的员工，让他们感到窒息。你应该做的是帮助和指导你的员工做好时间管理、做好自己职责范围内的工作规划、做好自己的发展计划、用计划和目标管理员工等。

大部分员工都喜欢享受工作，喜欢有魅力的领导，他们有着高度的自觉性和进取精神，把工作视为生活中的重要内容，愿意为自己喜欢的工作付出，愿意为尊重自己的领导分忧解难。如果持续受到尊重，持续得到认可，员工们愿意和领导成为朋友，成为互相促进的工作伙伴。

那么，具体来说，领导者如何在工作中营造出尊重员工的工作氛围呢？

1.礼貌待人

无论是日常生活中还是与下属交流时，领导者都应该彬彬有礼，谈话说时体现你对对方所谈问题的关心。另外，千万要记住，不可表现出你的不可一世、对对方的斥责和不屑等。

2.表里如一，赢得信任

也就是说，你所表现出来的举止要与你的内心想法相一致，人们对于那些表里不一的人尤其是领导者往往是不信任的。

3.建立安全感

"安全"环境其实就是一个轻松、和谐、不用担心被谴责的工作氛围。的确，只有人们在一种安全机制下，才会觉得自己可以轻松投入，而当人们觉得不安全，会产生很强的自卫

第 2 章 营造氛围，动情比动"刑"更有力度

意识，会变得胆怯、敏感等。因此，作为管理者，要尝试使用各种方法为员工建立安全的工作环境，从而培养员工的团队精神，使其能创造性地解决问题。

作为领导者的你，如果能让员工感受到被尊重，那么，你无须时刻都对员工灌输所谓的敬业奉献，你也不用担心员工管理不好自己。你应该对员工的自我管理水平抱有信心，相信他们能提高工作效率！

充分信任你的下属

我们都知道，任何一个领导者，即使他的工作能力再强，也不可能完成所有的任务，这就要善于利用团队的力量。而领导者授权员工工作时，最重要的一点就是信任。这也属于人性化管理的一部分，尊重员工不仅是要善待别人，更需要你的耐心与心理技巧。高明的领导者应当从内心深处信任员工，给员工一个充分发挥的空间，鼓励员工按自己认为正确的方式去做。一个缺乏信任的组织，其成员间必然心存芥蒂，团队的动量就会被磨损，耗费的成本就会更多。

所以，沃伦·本尼斯认为："产生信任是领导者的重要特质，领导者必须正确地传达他们所关心的事物，他们必须被认为是值得信任的人。"同样，美国通用电气CEO韦尔奇的经营最高原则是，"管理得少"就是"管理得好"。这是管理的辩

证法，也是管理的一种最理想境界，更是一种依托企业谋略、企业文化而建立的经营管理平台。信任是凝聚组织共同价值观与共同愿景的纽带。这一点，一些古代君王就给领导者做了表率。

有一位大将军率兵征讨外虏，得胜回朝后，君主并没有赏赐他很多金银财宝，只是交给大将军一只盒子。大将军原以为是非常值钱的珠宝，可回家打开一看，原来是许多大臣写给皇帝的奏章与信件。再一阅读内容，大将军明白了。

原来大将军在率兵出征期间，国内有许多仇家便诬告他拥兵自重，企图造反。战争期间，大将军与敌军相持不下，国君曾下令退军，可是大将军并未从命，而是坚持战斗，终于大获全胜。在这期间，各种攻击大将军的奏章更是如雪片飞来，可是君王不为所动，将所有的进谗束之高阁，等大将军回师，一齐交给了他。大将军深受感动，他明白：君王的信任，是比任何财宝都要贵重百倍的。

这位令后人交口称赞的君王，便是战国时期的魏文侯，那位大将军乃是魏国名将乐羊。

《孙子兵法》里记载："将能君不御。"领导就好比树根，下属就好比树干，树根就应该把吸收到的养分毫无保留地输给树干。上司和下属之间很容易产生误解，形成隔阂。一个有谋略的政治家，常常能以其巧妙的处理，显示自己用人不疑的气度，使得疑人不自疑，而是更加忠心地效力于自己。

同样，一个好的领导者应该懂得放权，并做到抓大放小，在精力、时间不足时，应该懂得找到合适的人授权，使对方能

第2章 营造氛围，动情比动"刑"更有力度

为自己分忧。如果一个领导者大小权力都抓住不放，事必躬亲，其结果必然很难培养一支善于为自己工作的团队。

然而，要真正做到对员工信任不是件容易的事。因为既然是人才，都绝非等闲之辈，都有一番抱负甚至有"狼子野心"，也很容易受到上司的怀疑。作为领导者，一定得有容人之量，既然用人，就要相信下属，只有这样，才能人尽其才。

总体来说，领导者相信自己的下属，就需要做到：

1.相信下属对事业的忠诚

信任就是对下属最大的肯定，你要相信，他们对事业是忠诚的。

2.要相信下属的工作能力

在交代完任务后，你还要让下属明确自己的职责，但不要束缚他们的手脚，让他们创造性地开展工作。另外，当他们在工作中遇到问题时，你还要勇于承担责任，并帮助他们找到问题的症结所在，继而总结经验和教训，鼓励他们继续前进。特别是在企业的体制和管理方法上进行改革过程中，在下属遇到问题时，你一定要挺身而出，给予下属最有力的支持和帮助，将改革进行到底。

3.授权时做到"用人不疑，疑人不用"

"疑人不用，用人不疑"是领导者用人的一项重要原则。它是指企业领导对下属要充分信任，要大胆放手。一旦授权，就不能生疑，或者过多干预下属的工作。但要做到这一点的前提是，你要对下属进行一番了解，确保下属有能力完成这项任务。

因此，领导者相信下属，就是要相信下属的道德品质；认

可下属的工作态度；理解下属的内在欲求；明白下属的工作方法；肯定下属的工作才智；信赖下属的工作责任感，最终满足下属自我实现的欲求，达到团队合作，共谋发展。

互惠定律：给予才能有收获

现代社会，人们对于所从事的工作有了更深层次的要求，人们不再为了每个月定时发放的薪水而工作，而是开始把工作看成生活的一部分，因此，在选择工作的时候，他们更喜欢为那些让他们感受良好的公司工作，而不愿意为那些有着自私、强硬的领导者的公司工作。正因为如此，很多领导者在管理中提出了人性化管理。人性化的管理就要有人性化的观念，就要有人性化的表现。其中重要的一条就是懂得给予。

正如心理学上的互惠定律所言："给予就会被给予，剥夺就会被剥夺。信任就会被信任，怀疑就会被怀疑。爱就会被爱，恨就会被恨。"人都是感情动物，士为知己者死，员工可以为那些认可自己价值的领导出力、卖命！当你真诚地帮助员工的时候，员工才能真正地帮助你！我们先来看下面这个管理故事：

陈伟是一位以不讲情面、自傲、铁石心肠的经理。事实上，他并没有因为这种作风而占了多少便宜，甚至常被员工认为是愚不可及的。

一个周五的早上，公司要召开一次重要会议。他的助手向他提出一项个人请求——他太太病了，现在必须去医院，他是否可以不参加会议。当然，这个助手并不是这次会议的主角。

面对助手的请求，陈伟却这样回答："你替她叫部计程车。会议会很快结束，结束后你可以去看她。"听了陈伟这样说，助手沉默了。

事实上，陈伟对公司的任何员工都是这样的管理作风。

现实工作中，我们的周围并不乏陈伟这样的领导者，他们虽然能在公司一时当道，但是后来却都被罢官降职。他们完全不顾及员工的作风，使得他们失去了对员工的影响力，员工会背地里来"整"他。当一位领导者因为得不到员工的合作而无法管理时，他最终会被这家企业剔除出局。

的确，领导者与员工之间的关系是相互的，你对员工付出真感情、给予员工物质上和精神上的帮助，员工自然也会以忠诚来回报你和企业。在这中间，有两种非常重要的态度可以增加领导者的影响力，以及协助领导者有效地执行工作。这两种态度就是忠诚和关心别人。它们可以协助一个团体的凝聚，并且使得团体可以在对人人有利，也对团体有利的情况下，履行它的职能。

具体来说，需要领导者做到：

1.忠诚

作为领导者，你要认识到，忠诚可以把各个工作群体变成一个团体，而绝非一种个人的组合，团体行动的成效将大于单个行动所获成效的总和，如果缺乏对团体的忠诚，则在公司、领导者以及各个人之间会产生抵消效果。当人人各行其是时，经常会以牺牲别人的方式来获取成效，最后亦必牺牲整体的成效。然而团体意识却不能完全牺牲个人的意识。

领导者忠诚的对象不仅仅是公司，还有员工，只有员工信任你，才会把个人的前途和命运交给你。

2.关心员工的福利和前途

对此，你不可认为这是一种长者之风，而应该把它当成一种投资者的态度。你要知道，对你有利的，也会对他人有利；反过来，对他人有利的，最终也将有利于你。但实际上，似乎很少有领导者明白这一道理。

关心员工是实施温情管理、调动其积极性的重要方法。优秀的企业领导者会把关心送到员工生活中的方方面面，他们不仅关心员工的现状，而且关心员工的发展；既在平时关心理解员工，更在关键时刻体贴帮助员工；不仅关心员工的工作，而且关心员工的生活；既关心员工本人，还关心员工家属。比如，当员工过生日、结婚、搬迁等，他们都会代表工作单位表示祝贺；当员工遇到生活上的困难时，他们总是伸出援助之手；当员工生病了，他们也会代表同事第一时间探望，这样的领导者就是受人爱戴的。

总之，懂得互惠定律的领导者会支持员工，把应得的荣耀给他们，让他们避开不必要的争执。这样，当所有人都能愉快地处在互利互惠的关系时，工作才能做得最好。这时你就可以拥有一个整体绩效大于个别努力的团体。

雷尼尔效应：营造舒适的空间

马斯洛的需求论告诉我们，在基本生理需求得到满足后，人们必会寻求更高层次的需求。同样，现代社会，人们工作的目的不再仅仅为了物质需求，人们更愿意在以人为本的公司工作，更愿意为了解员工真正需要的领导者效力。因此，任何企业的领导者，都要综合考虑薪资结构的变化，包括对个人自我需求最优化的考虑，即考虑如何提高个人的舒适度、员工自我实现度。同时，要寻求薪资量的变化中的替代品，如用职位的变动来替代薪水的变化，用企业文化的认同来替代单纯的薪酬变化。只有这样，才能最大限度地吸引和留住人才。这一点，我们应当从雷尼尔效应中有所启示。

雷尼尔效应来源于美国西雅图华盛顿大学的一次风波。校方曾经选择了一处地点，准备在那里修建一座体育馆。消息一传出，立即引起了教授们的强烈反对。教授们之所以抵制校方的计划，是因为这个拟建的体育馆选定的位置在校园内的华盛顿湖畔。一旦场馆建成，就会挡住从教职工餐厅可以欣赏到的窗外美丽的湖光山色。原来，与当时美国的平均工资水平相比，华盛顿大学教授们的工资要低20%左右。为何华盛顿大学的教授们在没有流动障碍的前提下自愿接受较低的工资呢？很多教授之所以接受华盛顿大学较低的工资，完全是出于留恋西雅图的湖光山色。西雅图位于北太平洋东岸，华盛顿湖等大大小小的水域星罗棋布，天气晴朗时可以看到美洲最高的雪山之一——雷尼尔山峰，开车出去还可以看到一息尚存的圣海伦火山。因为在华盛顿大学教书可以享受到这些湖光山色，所以很多教授愿意牺牲获取更高收入的机会。他们的这种偏好，被华盛顿大学的经济学教授们戏称为"雷尼尔效应"。

这一效应运用到企业管理当中，则意味着企业也可以用"美丽的风光"来吸引和留住人才。当然，这里的"美丽的风光"是指一个良好的工作环境和企业文化氛围。它作为一种重要的无形财富，起到了吸引和留住人才的作用。

现在，越来越多的企业领导者认识到了优秀的企业文化是公司生存的基石，是企业能否留住人才的关键。企业只有做到尊重人才、尊重人才的劳动成果，才能真正留住人才。日本索尼PS游戏机则是主管尊重知识工作者创意，最后主雇双赢的例子。

PS是索尼家用游戏主机的简称，营业额虽然只占索尼集团的10%，但纯利润却占全集团的三分之一。他们推出的升级版PS2游戏机，更被市场人士誉为是继"Windows95"后，最受全球瞩目的消费类信息产品。PS系列如今如此风光，但是五年前刚上市时，索尼公司内部很少有人看好这个产品。原因之一是，PS的发明工程师久多良木健行事怪异，平常开会时常常自言自语，很少有人知道他在讲什么，重要的公关场合，他又不在乎礼仪，这与注重"人和"的日本企业文化完全背道而驰。

幸亏索尼公司社长出井伸之慧眼识英雄，独排众议，全力支持久多良木健的创意，PS系列游戏机才得以绽放光芒。而索尼公司也靠PS系列撑住了场面，加快了向家电王国的转型，避免成为IT革命下的待宰羔羊。

从这个管理故事中，我们发现，在新的时代，对领导者而言，与员工分享权力已经不是选择之一，而是必须选择。只有为员工提供足够的发展空间，才能吸引并将其留住。

那么，具体说来，作为领导者的你，该如何吸引并留住员工呢？

1.营造一个和谐温馨的企业文化

纳尔逊女士是美国卡尔松旅游公司的总裁。为了给员工营造一个舒心的工作环境，公司规定：员工每年都有为期一周的带薪休假；对好的建议、出色的工作表现，公司会给予鼓励；积极提倡管理者与员工之间的交流，创造和谐的沟通和工作环境。纳尔逊女士坚定不移地信守诺言使她获得了美誉，员工欣赏她的企业是因为她的企业不只是追求利润，而且很关心自己的员工。正是通过这个方式，卡尔松旅游公司牢牢地吸引住了人才。

2.体察民情

管理者要真正做到尊重员工、信任员工和关心员工，首先就要了解情况，体察民情。管理者要真正做到体察民情，最关键的是实行"走动式"管理。一个整天忙忙碌碌、足不出户的领导者决不是好领导，而事无巨细、事必躬亲的领导者也不是好领导。领导者只有从办公室中解放出来，经常深入基层，深入一线，才能了解员工的基本情况，倾听员工的心声，增强领导者的亲和力，激发员工的积极性，提高企业的凝聚力。

蓝斯登定律：创造快乐的工作氛围

现代人的平等意识普遍增强了，板起面孔不能真正成为权威！因而，在管理上，以人为本的管理理念便成为一切激发员工行为的指导思想。正如《哈佛商业评论》前编辑坎特的一句话："擅于创造良好工作活力的公司将能够吸引和留住技术最熟练的员工。"美国管理学家蓝斯登认为，心情舒畅的员工，而不是薪水丰厚的员工，工作效率是最高的，这远较在父亲之下工作有趣得多。

这就是著名的蓝斯登定律。俗话说："可敬不可亲，终难敬；有权没有威，常失权。"在工作中，最能够激励人心的做法，莫过于照顾员工的感觉，考虑员工的情绪，关爱员工的需要，帮助员工建立自尊自重的态度，让每个员工都能以每天的工作为荣，感受到努力工作的意义。

而事实上，很多企业领导者认为，作为领导，就必须保持威严，他们大概觉得这样才能赢得员工的尊重，树立起自己的权威，从而方便管理。这是走入了管理的误区。有关调查结果表明，企业内部生产率最高的群体，不是薪金丰厚的员工，而是工作心情舒畅的员工。愉快的工作环境会使人称心如意，因而会工作得特别积极。不舒适的工作环境只会使人内心抵触，从而严重影响工作的效绩。怎样才能使员工快乐起来呢？美国H.J.亨氏公司的亨利·海因茨为我们提供了答案。

亨氏公司是美国一家有世界级影响力的超级食品公司，

它的分公司和食品工厂遍及世界各地，年销售额在60亿美元以上，其创办者就是亨利·海因茨。

亨利于1844年出生于美国的宾夕法尼亚州，很小就开始做种菜卖菜的生意。后来，他创办了以自己名字命名的亨氏公司，专营食品业务。由于亨利善于经营，公司创办不久他就得到了一个"酱菜大王"的称誉。在1900年前后，亨氏公司能够提供的食品种类已经超过了200种，成为了美国颇具知名度的食品企业之一。

亨氏公司能取得这样的成功，与亨利注重在公司内营造融洽的工作气氛有密切关系。在当时，管理学泰斗泰勒的科学管理方法盛极一时。在这种科学管理方法中，员工被认为是"经济人"，他们唯一的工作动力就是物质刺激。所以，在这种管理方法中，业主、管理者与员工的关系是森严的，毫无情感可言。但是，亨利不这样认为，在他看来，金钱固然能促进员工努力工作，但快乐的工作环境对员工的工作促进更大。于是，他从自己做起，率先在公司内部打破了业主与员工的森严关系：他经常到员工中间去，与他们聊天，了解他们对工作的想法，了解他们的生活困难，并不时地鼓励他们。亨利每到一个地方，那个地方就其乐融融。他虽然身材矮小，但员工们都很喜欢他，工作起来也特别卖力。

什么使得亨利公司的员工们辛勤、卖力地干活？快乐！可以说，亨利公司内部，从亨利自身到基层员工，都是在快乐的工作氛围下工作的。

欧美管理学家经过对人类行为和组织管理的研究，提出了快乐工作的四个原则，即允许表现；自发的快乐；信任员工；重视快乐方式的多样化。

那么，根据这一原则，领导者该如何为员工创造快乐的工作氛围呢？

1. 开放式的沟通氛围

企业若拥有良好的智力平台和沟通氛围，那么，每一个员工都能得到有效的信息支持，他们便可以自由地获得他们所需要的信息，以帮助他们快速地实现个人能力和工作业绩的提升。

美国惠普公司创造了一种独特的"周游式管理办法"，鼓励部门负责人深入基层，直接接触广大职工。为此，惠普公司的办公室布局采用美国少见的"敞开式大房间"，即全体人员都在一间敞厅中办公，各部门之间只有矮屏分隔，除少量会议室、会客室外，无论哪级领导都不设单独的办公室，同时不称头衔，即使对董事长也直呼其名。这样有利于上下左右通气，创造无拘束和合作的气氛。在能力所及的范围内，每个人都应该用简单的办法美化自己周边的环境，让办公室变得赏心悦目。不管是工厂、卸货区或洗手间，只要彻底打扫干净，粉刷一新，都能带来新的气象，提升员工士气。

2. 和员工做朋友

正如蓝斯堡定律所言，跟一位朋友一起工作，远较在"父亲"之下工作有趣得多。因此，作为企业的领导者，如果你能放下你的尊长意识，去做你下级的朋友，那么，你将得到更多的快乐，也将使工作更具效率、更富创意，你的事业也终将辉煌！

同仁法则：员工是合作者

现代社会，企业与员工之间的关系是对等的，是互相选择的，员工虽然为企业工作、是企业的员工，但企业若没有员工的努力工作，其效益也是不复存在的。因此，我们可以说，企业与员工是合作者的关系。企业应该把员工当成同仁。这就是著名的同仁法则。

同仁法则认为，把员工当合伙人。对公司来说，同事之间气氛越好，大家的心情就越好，工作效率自然越高，领导就越高兴。

"同仁法则"最先在美国被提出，美国一个家庭用品公司把销售人员称作"同仁"，公司非基层职位90%以上是由公司人员填补的，公司400名部门负责人中，只有17人是从外面招聘的。公司股票购置计划也力图使全体员工都成为真正的"同仁"。所有员工都可以在任何时候以低于公司股票价格15%的幅度购买。以此表现出的是，公司人才流失比零售业的平均水平低20%。

俗话说"兄弟同心，其利断金"。领导者只有让员工形成企业共同的目标、价值观，才能同甘共苦，为将企业做大做强而努力。

"同仁法则"是一种以人为本的、人性化管理方法。在管理工作中，那些聪明的领导者总能认识到，员工不仅仅是企业财富的创造者，更是企业发展的推动者，因此，他们会把员工看成企业的合作者，而不是被雇佣者。

根据"同仁法则"，很多企业对员工采取股权激励的方式，使员工成为企业的合伙人，这对于改善公司治理结构、降低代理成本、提升管理效率、增强公司凝聚力和市场竞争力等方面起到非常积极的作用。

这一法则使得管理者对员工在企业中的定位有了新的认识。员工与企业是一种对等的、相互博弈的关系。企业与员工是相互选择的，员工可以选择企业，企业也可以选择员工。一旦企业发展到一定规模并且在管理模式上进入一定的轨道之后，这种双向选择性还呈现出一定的稳定性。简单地讲，已经处于一定发展阶段的企业会选择与之发展相适应的人才，同时，也会给予人才一定的成长和发展空间。而当员工已经成长到一定阶段并能为企业带来一定的绩效时，他的去留对企业的作用就更为明显了。此时，会存在一些外在诱惑，被培养出来的优秀员工会产生流动，这对企业来讲将是一个很大的损失。

事实上，现代社会，很多企业领导者已经认识到这一关系的变化，并在管理工作中实行了"合伙人"制度，目的是增强员工的"老板心态"和主人翁意识。

那么，领导者该如何在管理上体现与员工对等的合作者的关系呢？

1.让员工在企业中获得比较好的经济利益

如果连这一点都不能保证，那么，如何留得住员工呢？

2.让员工在企业中获得比较好的精神享受

如果工作氛围不和谐、工作环境复杂，员工工作时的心情也是糟糕的，此时，即便有再高的工资，员工也是不愿留在企业的。

3.让员工在企业中实现自我价值和提升自我能力

假如企业能为员工提供良好的晋升空间、良好的知识更新机会，让员工有培训的机会，有一展拳脚的机会，那么，员工便认为自己的工作是有价值的、有意义的，自然愿意留在企业。

4.员工预期目标和企业的长期目标相吻合

这样，员工能看到企业发展的远景，也就能看到企业的美好未来，那么，他就是有干劲的。相反，员工整天浑浑噩噩地工作，却不知自己为什么做，也不知道什么时候是出头之日，久而久之就会自动离开企业。

从上述几个方面分析，决定员工是否愿意留在企业、是否愿意为企业贡献力量，是与企业的文化建设、利益分配机制，员工的职业生涯规划等有极大关系的。

总之，管理要人性化，视员工为同仁。"同仁法则"在根本上改变了员工的职业生涯定位，由打工者变成合作者，员工所肩负的使命感和责任感会更加强烈。领导者只需建立相应的管理标准，管理过程实施阶段性绩效考核，而不必花大量的人力、物力时刻去监督监控，这样可以让员工在更加自主的工作环境中发挥主观能动性。要实现企业利润价值最大化必须以实现企业员工个人既得利益为前提，只有在充分尊重员工的基础上，才能赢得员工对管理阶层的信任感，强化员工的忠诚度。

南风法则：良言一句三冬暖

现代企业里，领导者就是通过调动员工工作积极性来完成工作的人，领导者在企业中的位置就如同家长一样，而员工就是家庭成员。一个家庭，只有做到"家和"，才能"万事兴"，同样，一个企业的发展，贵在人和。要人和，就离不开"暖意融融"的人文关怀。而作为企业的大家长，领导者只有正确把握方式方法，坚持用真诚、平等、温暖的情怀去管理，才能让员工感觉到春天般的希望，才能使全"家"上下具有共同的奋斗目标和价值追求，对家有强烈的归属感和认同感，对组织有充分的信任感和依托感。如此这般，才能人人心情舒畅，保持春天般积极向上的心态，齐心协力创事业，进而推动企业繁荣发展。

法国作家拉封丹写过一则寓言：

北风和南风相遇，它们都认为自己可以把行人身上的大衣吹掉，并争论得不相上下，为此，它们决定比试一下。北风使劲地吹，一时间，寒风凛冽，人们赶紧裹紧身上的大衣。然后，南风徐徐吹起，人们在风和日丽的天气下顿觉暖意升起，于是开始解开扣子，继而又脱掉了大衣……这便是所谓的"南风法则"。

这则寓言故事告诉所有的领导者，温暖胜于严寒。运用到管理工作中，就是要求领导者关心和尊重下属，做到以人为本，多点人情味，让下属感受到领导者对自己的关心，从而卸掉心理包袱，更加卖力地工作。

的确，在倡导以人为本、尊重和关心员工为管理决策的今天，以强制手段来管理员工，是不能打开员工的心灵的，更不可能真正调动起员工的工作积极性。而领导者若能使用暖暖的南风般的温情去管理员工，让员工感受到你的亲和力，那么，员工的心会更贴近企业，更能增强对企业的凝聚力和向心力。

事实早已经证明，凡是具有蓬勃生命力的企业，都有一套能让员工从内心自然接受的管理制度。所以，员工认为在企业这个大家庭里，工作虽有压力，但更有动力、更有希望。虽有劳累，但不觉得心累，更充满工作的快乐感、幸福感和愉悦感。在这一方面，松下公司的做法值得很多领导者效仿：

在松下，领导者处处关心职工，考虑职工利益，还给予职工工作的欢乐和精神上的安定感，与职工同甘共苦。

1930年初，世界经济不景气，日本经济大混乱，绝大多数厂家都裁员，降低工资，减产自保，民众失业严重，生活毫无保障。松下公司也受到了极大影响，销售额锐减，商品积压如山，资金周转不灵。这时，有的管理人员提出要裁员，缩小企业规模。

而因病在家休养的松下幸之助并没有这样做，他毅然决定采取与其他厂家完全不同的做法：工人一个不减，生产实行半日制，工资按全天支付。与此同时，他要求全体员工利用闲暇时间去推销库存商品。松下公司的这一做法获得了全体员工的一致拥护，大家千方百计地推销商品，不到3个月的时间就把积压商品推销一空，使松下公司顺利渡过了难关。

在松下的经营史上，曾有几次危机，但松下幸之助在困难中依然坚守信念，不忘民众的经营思想，使公司的凝聚力和抵御困难的能力大大增强，每次危机都在全体员工的奋力拼搏、共同努力下安全度过，松下幸之助因此也赢得了员工们的一致称颂。

从松下的管理经验中，我们看到了温情管理为员工营造了一种和谐的工作氛围，让员工感到了家的温馨，增进了企业内部的相互信任，增加了员工对公司的忠诚度。

因此，现代企业的管理者们在对待员工时，要多点"人情味"，实行温情管理。所谓温情管理，是指企业领导要尊重员工、关心员工和信任员工，以员工为本，多点"人情味"，少点官架子，尽力解决员工工作、生活中的实际困难，使员工真正感觉到领导者给予的温暖，从而激发他们工作的积极性。

俗话说："良言一句三冬暖，恶语伤人六月寒。"做今天的"南风"，是为企业的明天做准备。在经济日益市场化的今天，只有像"南风"一样去深入、融入员工的心灵，才能营造"心齐气顺劲足家和"的局面，形成强有力的核心竞争力。

第3章
协调职能，和谐的旋律让工作更顺畅

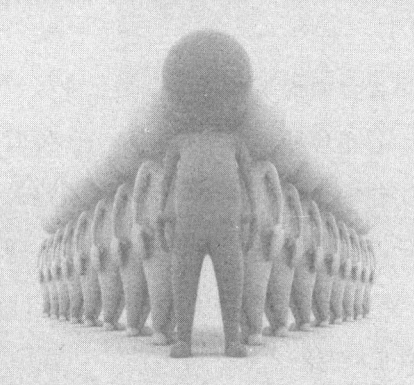

企业就如同一个大家庭，而领导者就如同这个大家庭的"家长"。家庭内部，难免会出现一些不和谐因素。同样，企业也是如此，各部门、单位、职位之间常常会出现职权划分不清，任务分配不明的情况。此时，领导者就必须充分发挥自己的协调职能，这不仅包括消除企业内外部环的不利因素境，还包括企业部门之间的协作、消除企业不和谐因素等各个方面。领导者只有发挥好协调职能，才能真正实现企业的和谐、稳定、健康发展。

衔接有序，每步工作皆能紧密连接

我们都知道，全面提高经济效益是企业经营活动的中心，企业的各部门、各单位乃至各岗位在每一个经营环节都是为达到这一目的而工作的，也就是说，无论是提高产品质量、扩大产品品种、降低产品消耗还是降低产品成本，提高资金利用率和周转率等各项工作，都应该有条不紊地进行，做到相互衔接，才能达到真正获益的效果。

然而，领导者在管理工作的过程中，常常忽视一个问题，他们对工作中的各个问题都做到管理妥当，但却没有协调好各个工作之间的紧密性，从而导致了各项程序之间脱节。我们先来看下面这个管理故事：

麦肯是一家大型民营企业的老板，他主管几个部门经理，这些部门经理都是当初和他一起创业的同伴，但企业进入稳定期之后，他觉得有必要让这些部门经理互相牵制，否则，很可能出现越权而威胁到自己的地位。

于是，在公司，他实行了一套协商制工作原则，也就是无论公司的任何一项事宜，都必须由五个经理一起讨论才能通过。在麦肯看来，这是一项天衣无缝的计划，但经过事实证明，他忽视了更多的问题。

有一次，市场业务人员联系了一个大客户，可以说，这个客户是否签订协议，关系到整个公司下半年的业务状况。很快，麦肯召集了这五位经理，制订出了一套说服客户的方法，这其中有价格优势、售后保障、技术提供等。在拟定合同之后，麦肯满怀信心地赴对方公司。

但令麦肯不解的是，对方负责人在看完合同之后，摇了摇头。

事后，麦肯分析了一下事情的前因后果，他恍然大悟，原来整个合同中都没提到对方最重视的一点——质量保证。而这一点，恰好是这五位经理管辖范围之外的。

这个故事中，可能我们也为麦肯的失误而感到懊恼，他的错误就在于他把管理精力过多地放在牵制各部门经理上，而忽略了任何一笔生意，产品质量才是前提，只有将把握产品质量关、价格、售后等各个方面结合在一起，才能真正打动客户，才能为企业带来效益。

的确，作为现代企业的领导者，职能协调工作做得如何，直接关系到企业内部关系的和谐与否，关系到企业工作程序是否完善，员工能否高效完成工作。而事实上，人无完人，领导者在工作中也经常出现"补东墙、漏西墙"的现象。要做到让企业每个部门工作都能紧密连接，还需要领导者遵循以下两个原则：

1.相互牵制原则

相互牵制原则指的是面对一项完整的任务，需要分配两个完全能相互制约和相互牵制的部门或职位完成。这需要从横向关系和纵向关系两个方面考虑：

在横向关系上，存在这一相互牵制关系的一般是指两个部门或成员，以使他们在工作上接受对方的检查和制约；

在纵向关系上，这一制约关系存在于两个互不隶属的部门或岗位之间，比如，上下级之间的监督。相互牵制的好处在于，几个人或几个部门同时发生错误的概率大大小于每个人发生错误的概率，因而将降低误差率。

这里，需要分离的职责主要是授权、执行、记录、保管、核对。另外，内部各部门间的权责必须明确，并需要把这些权责以切实可行的形式落实下来。

2.协调配合原则

这一原则是相对于相互牵制原则而言的，它指的是各部门或人员为了完成一项共同的经营管理活动，必须相互协调工作，高效配合，以使得各环节有条不紊地进行。这样做的好处在于能减少各环节相互脱节的现象，能减少矛盾和内耗，以保证经营管理活动的连续性和有效性。

在贯彻以上两个原则的时候，一定要灵活办事，不能只管牵制错弊而不顾办事效率，必须做到既相互牵制又相互协调，在保证质量提高效率的前提下完成工作任务。

协调内部与外部的环境

我们都知道，任何一个企业都不是独立存在的，它处在一定的社会内并与社会、其他企业等各方面的因素产生关系。同样，企业自身也有其构成要素。因此，作为企业的带头人，每一个领导者就多了一项管理工作——协调企业内部与外部的环境。的确，企业只有充满活力、内部关系融洽、外部环境友好，即生产经营管理好，企业发展推动好，职工利益维护好，企业文化建设好，人才队伍培养好，社会责任履行好，才能真正实现和谐发展。

当然，如何协调好企业内外部环境，是每一个领导者需要长期努力的目标。对此，领导者需要从两大方面努力：

1.协调企业内部环境

企业内部环境也称企业内部条件，它指的是企业内部的物质、文化环境的总和，包括企业能力、资源以及文化等各个方面的因素，还包括企业的指导思想、经营理念和工作作风等价值体系。

内部战略环境是企业内部与战略有重要关联的因素，是企业经营的基础，是制定战略的出发点、依据和条件，因此，更是竞争取胜的根本。

在《孙子兵法·谋攻篇》中孙子曰："知己知彼，百战不殆。"因此，面对瞬息万变的市场大潮，企业在制定战略目标的时候，除了要知彼外，还要知己，这里的知己，便是要分析企业的内部环境，并认清企业的优势以及存在的不足等，分析企业具有的优劣势的好处在于，可以充分利用自身存在的优势，制定战略性目标，同时又能避免企业的劣势，并改进企业劣势，最终做到扬长避短。

在对企业内部环境进行分析后，在具体的职能协调上，领导者需要从以下四个方面努力：

（1）风险评估。它指的是企业及时识别并分析企业生产经营和实现内部控制目标可能出现的风险，并及时找出应对策略。

（2）信息与沟通。它指的是企业准确、及时地收集与传递与企业内部控制相关的信息，以确保信息在企业内部能有效、畅通无阻地传达。

（3）控制活动。控制活动是企业根据风险评估结果，采用具体的应对措施，从而将风险控制在一定的、可掌控的范围内。

（4）内部监督。内部监督是对企业内部控制与实施情况的检查监督，这样既能发现内部控制的不足，也能对内部控制作出有效的评价。

2.协调企业外部环境

这里，我们可以简单地将企业外部环境归为除了企业内部环境以外的其他因素。对此，领导者面临下面三个工作：

（1）竞争者。当今社会，任何行业，都必须走出原有的小圈子，积极地到国内外市场寻找客户。善于经营的企业不仅懂得寻找市场空隙，还懂得从其他竞争者手中争夺市场，因为在很大程度上，影响企业拥有顾客及用户多少的重要因素是竞争者的数量及行为。这就要求企业必须给顾客以更大的满足感，必须找出产品的优势，比如，价格上或产品包装上或售后服务上等。所以，企业对其竞争对手的动向必须密切关注，并将不良影响降到最低。

（2）供应者。任何一个企业，在售出产品的同时，还必须从其他厂家手中购进原材料、设备等，对此，企业要做到多手准备，尽量不要过分依赖一个供应者，这样做的好处有两点：第一，避免一个供应者哄抬价格，如果将原料的采购分散于几个供应者，则它们之间为了竞争可以给予较优惠的价格，同时也可以使供应者的产品质量符合规格并能按期交货。第二，一旦唯一的供应者的供货出现问题，那么，就有可能对企业的正常运营状况造成影响。

（3）用户。产品的销售策略不应当是一成不变的，它应随着不同的用户和市场而有所变化。但无论如何，企业都不可忽视产品质量、价格、样式以及服务，注重这些问题，才可能吸引新客户，留住老客户。企业获取利润的来源就是客户，没有客户，任何企业都将面临倒闭。为了影响用户，赢得用户，企业必须了解用户需求和购买意愿，尽可能投其所好。

从长远来看，市场经济中企业必须为用户不断变化的需求服务，这样，在竞争中才能立于不败之地。

不和谐之处必须及时消除

在建立和谐企业的大环境下，我们不能否认，企业内部总会出现一些不和谐的"插曲"，比如，企业员工之间矛盾、员工不服从管理、绩效考核不合理等，但无论遇到什么矛盾，作为领导者的你，都必须消除这些不和谐因素，让企业在和谐的基调下健康成长、发展。我们先来看下面这样一个管理故事：

甘云是一家私企老板，一直以来，她的企业都运营得不错，这主要是因为她善于听取员工的意见，总是把员工对企业的不满及时消除，让员工敢说话、说真话。

比如，最近一个月，她发现员工的工作积极性降低了，对此，她召开了一次全体员工大会，让大家以无记名的方式将个人意见投到意见箱中。在甘云当着众人的面打开这些意见条之后，她发现，原来公司大部分员工都对最近各级领导暗中实行的招聘方式很不满。对此，甘云事后进行了了解，原来公司新进的一批员工都是有背景的。为了消除员工的消极情绪，她在公司内实行了一次严格的新人考核制度，而大部分"关系户"都被刷下来了，剩下的一批精英最终被员工们接受了。

自此，甘云亲自在公司制订了一套"坚持制度选人与不拘一格相结合"的选人制度。

这里，我们不得不佩服甘云处理问题的方法。如果她把那些"关系户"全部开除、实行一刀切，自然会埋没某些人才；而全部留为己用，自然也无法让员工们心服口服，于是，采用一套严格的考核制度不仅能为公司选到优秀的人才，还能及时消除公司内部的这一不和谐因素，可谓一举两得。

另外，她采取的"坚持制度选人与不拘一格相结合"的选人制度，可以遏制和解决用人中的不公正现象和腐败行为，还突破了论资排辈等传统用人观的束缚。

当然，企业内部存在的不和谐因素还有很多，不妨列举几种：

1.部门之间的不和谐

有时候，部门之间在合作时会出现不协调，比如，在合作时，他们没有从大局考虑，没有把企业的整体利益放在第一位，遇到好做、有利可图的事时，他们会抢着做；而遇到难做的事时，则相互扯皮。这样，会使原本简单的事情复杂化，人为增加了处理的难度。这就是部门间不和谐的原因。

2.企业大潮处于改革之中，而部分员工却故步自封

企业的改革一般是员工推动的，因此，会对员工提出新的、更高的要求。但在企业内部，却有部分员工跟不上企业发展的趋势，于是，他们缺乏发展的眼光，对企业的改革表现出不满，不仅不从自身找原因，反而对企业的改革说三道四。

3.绩效考核中的不科学因素引起的不和谐

一是强行按照某种标准考核，但事实上，一些企业内部的考核标准是不合理的。二是有的单位实行绩效工资考核力度不大，不利于调动员工的积极性，从而人为引发一些不和谐因素。

那么，作为领导者，在消除这些不和谐因素时，应该遵循以下几条原则：

（1）及时性。

及时消除企业内部的不和谐因素，尽力将造成的影响控制在最小的范围内。

（2）适度性。

和谐的宗旨就在于平衡、适度。任何人、事、物都必须维

持在一定的度，否则，就会失去平衡，引发矛盾。因此，领导者在处理企业内部的不和谐因素时，要把握以下三个方面：

一要注意度，强调一方的时候，不能全盘否定另一方，不能绝对化。

二要把握平衡点，任何时候都要立足全局，从整体出发。

三要掌握量，差距不能太大，悬殊也不能过分；对于下属，不能持续加压，也不能持续减压。同时，应有调整、休息的时间，多开展一些活动，通过活动来放松身心，如文体活动等。

3."员工利益第一"

和谐企业是以员工利益得到实现和保障为前提的，凡是涉及企业生产经营、建设投资、发展战略、用工制度、分配方案等一系列决策都关系到企业的前途和员工的切身利益。

4.有民主性

制定任何决策，推行任何政策等，都应该得到员工的拥护。试想，一个没有群众基础的决策往往很难推行，强制推行的话，就会引发各种矛盾，加剧企业内部的不和谐。

切实加强部门间协作

在当今企业中，不管你是职业经理人还是私企老板，都会遇到各部门意见不一致的情况。因为在组织管理过程中，不同部门、单位、人员对同一问题认识不一致，观点、意见不相同，往往导致行动上的差异和整个组织活动的不协调。因此，领导者协调不同部门、单位、人员的思想认识，统一大家对某个问题的基本看法，成了协调组织活动的前提条件和协调工作的重要内容。这一点，作为人力资源部门经理的琳达深有感触。

琳达是某外企人力资源部经理。每年，公司公关部都会委托她招聘一些年轻的公关小姐。谈到招聘，这也是琳达的本职工作，但忙碌的工作使她不可能亲临招聘现场。于是，今年她就把招聘任务分配到了各个主管身上，琳达相信他们的阅人能力。

但情况着实不如琳达预想的那么乐观，在把新人领进公关部还不到一个月，问题就出现了。这些新人因为素质低下，导致公司遭受了一大笔经济损失。为此，琳达叫来几个主管，询问他们是怎么工作的。很快，问题就明了了。原来，这些主管并不是互相合作，共同审核新人，而是为了单纯地完成任务，对应聘者的材料进行了简单的筛选，只要符合硬性规定的就通过了。

从这次事件之后，琳达意识到自己一直以来忽视了加强下属之间的合作意识。

琳达在工作中为什么会出现这样的失误呢？因为她没有协调招聘主管间的工作职能。

的确，意见不一致需要用协调管理职能来解决。在企业中，若各部门意见不一致，特别是重大决策方面，会造成管理冲突。不仅会在各部门之间造成不信任，更严重的是会形成利益冲突的非组织团体。也就是我们所说的"拉帮结派"。

那么，作为企业领导者，如何协调企业内部各部门之间的工作呢？

1.奋斗目标上的协调

企业内部，如果部门之间、执行人员之间等出现工作目标上的矛盾和冲突，那么，必然会引发行动上的差异和组织活动的不协调。因此，做好奋斗目标上的协调工作，是企业管理者协调工作的重要内容。

2.引导各部门间信息沟通与共享

企业内部，不同部门之间的职责差异和管理层级的不同，往往会引发各种意见上的冲突，在这方面，从事协调工作的领导者应该让部门之间将信息公开，可能有些部门认为将信息封闭，做到信息独享能在企业组织中占领重要位置，实际上，这种想法是错误的。你封闭信息，其他人也一样，那么在企业组织决策管理中就会出现意见不一致的局面。

3.知识企业文化方面的引导

很多时候，冲突的产生是因为知识结构上存在差异。引发冲突者，往往是因为对知识理解得不全面，或者对概念的内涵和外延没有全面把握。在这方面，管理者就需要指派协调部门进行协调。

4.职权关系上的协调

各部门、人员之间职责、任务划分不明确，往往会造成互相推诿的现象，自然也少不了矛盾冲突。因此，协调各层级、各部门、各职位之间的职权关系，消除相互之间的矛盾冲突，也是协调工作的重要内容。

5.组织论坛方式进行协调

当然,这一方法适用于具有一定规模的企业。

这样,可以将正反意见同时公布于论坛,让全体员工进行讨论。针对企业内部的不同问题,员工往往会提出不同意见,这样,身为领导者的你,往往不知听取何种意见。在协调各方面的意见时,就应该记住十个字:"信息、权限、责任、方式、环境"。

(1)信息。无论谁提出何种信息,你都要经过一番筛选,剔除假信息和个人化的观点。

(2)权限。可能你会发现,有人在提意见的时候,完全超出了他的权限,但这并不一定是坏事。因为有时候,下属与员工们的能力并不一定与其所在的岗位相吻合的。

(3)责任。无论是谁,说话办事都要为企业负责,为团队着想,而不能只为自己着想。

(4)方式。协调各部门间的意见,是领导者的工作,但你需要注意方式方法,若方式不对,领导就成了"出风头"的人了。所以方式非常重要。

(5)环境。不同的环境协调的方式不一样。当双方心情比较好时协调起来比较容易到位。

抓住根源，迅速化解矛盾与冲突

任何社会都不可能没有矛盾，人类社会总是在矛盾运动中发展进步的。同样，任何一家企业，不可能总是和谐的。而作为企业的领导者，要保持企业和谐的总基调，就要及时、尽力消除不和谐因素，努力构建和谐企业。

然而，构建时既要注重行业内部的和谐，妥善处理好行业内部各方面的关系，也要把着力点放在企业协调处理与社会各方面的关系上，促进企业与整个社会的和谐。因此，领导者构建和谐企业，内部和谐是基础，外部和谐是关键。脱离了内部和谐这个基础，其他的一切只能是水中月，镜中花。

对于企业而言，整体上是和谐的，但在企业内部也存在一些影响和谐的矛盾和问题。

小王是一名技术员，自从大学毕业后，他一直在一家民营公司工作。最近，小王打听到昔日同窗好友的工资都比他高，职位晋升也比他快，心里很不平衡，于是给总经理写了一封信，投到公司意见箱内。

尊敬的总经理：

我是去年七月毕业来公司的大学生，来公司后，我发现我们公司的工资相比本市其他公司偏低，同时，员工的晋升相比同类企业也相对缓慢。我们这批员工对此现象表示强烈不满，我代表大家正式向您提出这个问题，希望公司给我们一个解决方案……

从这封信中，不难看出引发很多企业内部不和谐的原因——利益矛盾。几乎所有矛盾都含有利益关系，利益矛盾是一切矛盾的总根源。企业内部矛盾，说到底，就是员工内部的利益矛盾。利益矛盾制约、影响着企业内部其他各类矛盾，起主导作用。

当然，引发企业内部不和谐的原因还有很多，但关键是处理企业内部的利益矛盾。收入差距拉大是利益矛盾的突出表现，是构建和谐企业的最大挑战。收入分配不公导致企业高度分化，如果不能加以有效纠正，将成为各种矛盾的最主要源头，企业稳定就会成为大问题。

因此，我们绝对不能忽视利益矛盾，一定要正确加以处理。

那么，作为领导者，如何协调企业内部包括利益冲突等各个方面的不和谐因素呢？

1.进行感情投资，实行人性化管理

人都有感情，人与人之间建立了感情，凡事就会从"情"字出发，矛盾就能有效减少。因此，要实行人性化管理。对此，你需要：

一要做个有亲情感觉的领导。领导者要经常与员工联系，了解员工的意愿，听取员工的意见，真正关心员工的生活和工作。

二要做个有人情味的领导。俗话说："水能载舟，也能覆舟。"作为领导者，你要时刻把员工装在心中，尊重员工，与员工真正交朋友。

三要真情地为员工谋福利。

2.大力倡导奉献精神，妥善协调利益关系

企业内部不和谐的根源在于思想上的分歧，而分歧的根源又在于利益。因此，协调和平衡好不同利益群体对物质利益和精神利益追求的愿望、目标、途径和方法，就等于把握了构建和谐企业的根本。协调利益关系关键要从三个方面入手：

第一，在员工内部宣传先进的文化理念，从而帮助他们树立正确的价值观，引导员工正确认识自我价值和社会价值。

第二，必须大力弘扬奉献精神。

第三，要在提高认识的基础上逐步建立有效的利益机制，发挥激励作用。

3.从领导者入手，着力提高领导者解决矛盾、协调关系的能力

企业内部的矛盾问题处理的效率以及预防状况如何，是离不开领导者的作用的。因此，提高各级领导者解决矛盾、协调关系的能力是一项重要而紧迫的任务。

一要提高领导者的理论政策水平。

二要提高领导者的科学决策能力。

三要模范带头，克己奉公，不以权谋私。

四要提高领导者的应变能力。

总之，对于企业内部的冲突矛盾，企业领导者要建立一套反应灵敏、信息畅通、运转高效的预警机制和处理机制，确保事件能被遏制，即使发生，也能得到有效控制，对主要问题和矛盾能够公平合理合法解决，从而保证企业的稳定发展。

第4章

决策实施，兴衰存亡可能就在此一举

诺贝尔奖得主赫伯特·西蒙曾对管理下过这样的定义：管理就是决策。领导者在实行管理过程中，其管理决策艺术的高低，是直接关系到企业人、财、物等生产力要素组织得科学不科学、利用得好不好的决定性因素，是决定企业效率和效益的关键。当然，领导者在为企业制定并执行决策的时候，也必当会遇到各种困难，这些都需要领导者充分发挥果断、睿智、干练的优秀品质！

羊群效应：独特的决断力更胜一筹

现代社会，竞争之激烈已经在各行各样凸显出来，而一个领导者是否有独特的决策力，在很大程度上决定了企业能否在竞争中取胜。商战中，竞争双方力量对比往往非常微妙，一方看似强大无比，另一方好像不堪一击，但转眼间，局势就会发生彻底改变。弱者可以变为强者，强者也能变为弱者，而决定这一变化的正是双方的领袖人物。正如让一只羊领导一群狮子，那么这群狮子迟早会变成羊；而如果让一只狮子领导一群羊，羊迟早也会变成狮子。领导者的决断力之所以对企业有如此重要的影响，主要是因为领导者是企业的领头羊。对此，有个著名的"羊群效应"。

曾有人做过这样的实验：在一群羊前面横放一根木棍，第一只羊跳了过去，第二只、第三只也跟着跳了过去。这时，把那根棍子撤走，后面的羊走到这里，仍然像前面的羊一样，向上跳一下，尽管拦路的棍子已经不在了，这就是所谓的"羊群效应"，也称"从众心理"。

我们再来看下面这个故事：

一位石油大亨到天堂去参加会议，一进会议室便发现已经座无虚席，于是他灵机一动，喊了一声："地狱里发现石油了！"这一喊不要紧，天堂里的石油大亨们纷纷向地狱跑去，很快，天堂里就只剩下他自己了。这时，这位大亨心想，大家都跑过去了，莫非地狱里真的发现石油了？于是，他也急匆匆地向地狱跑去。

"羊群效应"所表现的就是人的一种从众心理，而这一心理，很容易导致盲从，甚至会陷入骗局，遭到失败。

这一效应的出现一般是在一个热门行业中，并且，这个行业中有只"领头羊"，他的一举一动都能挑动人们的神经，他去哪里，人们就跟着去哪里。

从"羊群效应"中，我们也可以认识到领导者在企业管理中常有的一些错误心理。由于缺乏对信息的充分了解，他们对市场的未来走向也很难作出正确评估，此时，他们只能人云亦云，只能通过周围人的行为而作出浅层次的判断。这种信息被不断传递，许多人的信息将大致相同且彼此强化，从而产生从众行为。而相反，如果一个领导者有独特的决断力，他就会对市场作出准确的估计和定位而不受跟风决策的影响。

商场如战场，作为一个领导者，应努力完善自己，培养自己的决策能力，便可立于不败之地。

现代企业，对于很多领导者而言，他们在作决策时，可能都有这样一种心态，那就是只要不亏本、在市场上站稳脚即可，于是，他们最多只能获得不超过市场平均水平的收益率。因此，对于领导者而言，要获得超过平均水平的收益率，必须在"人云亦云"的格局中保持一种独立和创新的精神。要维持独立和创新，需要充分了解自己的实力与市场行情，不要轻信道听途说的传闻，在市场极端不稳定，信息极端不确定的情况下，要保持清醒的头脑，充分考虑到各种潜在的风险。

羊群行为对于企业的稳定具有消极的作用。因此，领导者要避免这种非理性的行为产生，主要从以下几个方面着手：

（1）凡事三思而后行，尽量作出理性的思考。

（2）规范信息披露制度，提高信息的透明度以减少信息的不确定性和错误性。

（3）降低各种信息成本、交易成本以及组织方面的限制。

总之，作为企业的领导者，就是企业的领头羊，你的一举一动都可能对企业、员工造成或多或少的影响，因此，在作各种决断时，不但要收集各种信息，保证决断的正确性，更要做到当断则断！

巴菲特定律：发现空缺，果断投资

作为一个领导者，势必要担当为企业投资的重任，而投资决策的正确与否，必然决定了企业的收益如何甚至关乎到企业的生死存亡。为此，任何一个领导者都应该把学习如何投资列入日常工作的范围内。而关于如何投资这一点，美国股神巴菲特提出一条定律：在其他人都投了资的地方去投资，你是不会发财的。

巴菲特定律是有美国"股神"之称的巴菲特的至理名言，

是他多年投资生涯的经验结晶。从20世纪60年代，他以廉价收购了濒临破产的伯克希尔公司开始，巴菲特创造了一个又一个投资神话。有人计算过，1956年，如果你的祖父母给你10000美元，并要求你和巴菲特共同投资，你非常走运或者说很有远见，你的资金就会获得27000多倍的惊人回报，而同期的道琼斯工业股票平均价格指数仅仅上升了11倍。无怪乎有些人把伯克希尔股票称为"人们拼命想要得到的一件礼物"。在美国，伯克希尔公司的净资产排名第五，位居时代华纳、花旗集团、美孚石油公司和维亚康姆公司之后。

巴菲特能取得如此巨大的成就，得益于他自己所信奉的圣经，他后来将其总结为巴菲特定律。无数投资人士的成功，无不或明或暗地遵从着这个定律。

很久以前，几乎所有人都认为只有硬件才能赚钱，比尔·盖茨是第一个看到软件前景的商人，而且"以软制硬"，把其软件系统应用到所有的行业或公司。微软开发的电脑软件的普遍使用，改变了资讯科技世界，也改变了人类的工作和生活方式。人们把盖茨称为"对本世纪影响最大的商界领袖"，其实一点也不过分。现在，传统经济已让位于创造性经济。美国统计表明，去年年底，只有31万员工的微软公司，市场资本总额高达6000亿美元。麦当劳公司的员工为微软的10倍，但它的市场资本总额仅为微软的1/10。尽管21世纪依然有汉堡包的市场，但其影响和威望远不能同微软相比。

微软还是第一家提供股票选择权给所有员工作为报酬的公

司。结果，创造了无数百万富翁甚至亿万富翁，也巩固了员工的忠诚度，减少了员工的流动率。这一方法被别的企业竞相采用，取得了巨大的成功。

微软处处领先，靠的是什么？就是创新。要最大限度地挖掘人的潜能，就不要受制于自缚手脚的想法。成功者相信梦想，也欣赏清新、简单但很有创意的好主意。

因此，作为领导者，如果你想投资成功，就要避开那些饱和的市场，而选择他人没有涉足的区域。这一长远眼光的发展战略，不但能避开强劲的竞争对手的拼杀，而且独自开发了一个前景广阔的市场。

生活往往就是这样，你抢占先机，得到的就是金子；而你步人后尘，东施效颦，就可能失败。

为此，任何一个致力于投资的领导者，都需要记住以下几点：

（1）找到市场空缺；

（2）把投资眼光放在别人不屑投资的项目上；

（3）对于那些已成态势的领域，就要做出特色。

对此，巴菲特总结了10项投资要点：

①投资要有规律；

②明确买价，它决定你报酬率的高低；

③税负的避免和利润的复合增长与交易费用使投资人受益无穷；

④不在意一家公司来年可赚多少，仅有意未来5~10年能赚多少；

⑤价值型与成长型的投资理念是相通的：价值是一项投资未来现金流量的折现值，而成长只是用来决定价值的预测过程；

⑥通货膨胀是投资者的最大敌人；

⑦要把投资对象放到未来收益高的企业；

⑧投资人要对所投资的企业进行全面了解，才能获得财务上的成功；

⑨"安全边际"从两个方面协助你的投资：首先是缓冲可能的价格风险，其次是可获得相对高的权益报酬率；

⑩拥有一只股票，期待它下个星期就上涨，是十分愚蠢的。

儒佛尔定律：精明的预测能够作出有效决策

当今社会，科学技术迅猛发展，各行各业的竞争已经逐步演变为信息资源、自然资源、财物资源、人力资源之间的竞争，而这中间，信息资源已经作为第四战略资源被各企业的领导者们所重视。然而，在瞬息万变的市场大潮中，面对诸多的信息，领导者怎样利用？只有预测！一个成功的领导者能从繁复的信息中预测出未来市场的走向，并马上将其转化为决策的行动。没有预测活动，就没有决策的自由。

这就是著名的儒佛尔定律：有效预测是英明决策的前提。它由法国未来学家H.儒佛尔提出，精明的预测能为企业的发展决策提供自由的空间，使信息产生价值，转变成赚钱的机会。

一个企业要发展，要提高经济效益，就必须了解国内外经济态势，熟悉市场要求和摸清与生产流通有关的各个环节。这就需要广泛、及时、准确地掌握有利于企业发展的各种信息，这样才能综观全局，预见未来，运筹帷幄，立于不败之地。香港的李嘉诚先生就是因为善于预测，才成就了如今的伟业。

20世纪50年代中期，李嘉诚有一家自己的工厂，名为"长江塑胶厂"，专门生产塑料玩具，但不幸的是，当时，塑料玩具市场已经饱和，李嘉诚不得不关闭工厂。

后来，一次偶然的机会，发现有一家小塑料厂将制作塑料花向欧洲销售。此时，李嘉诚灵机一动，马上联想到二战以来欧美国家的市场，欧美国家的生活水平虽有所提高，但在经济上却还没有实力种植草皮和鲜花，因此，在一段时期里，塑料花必将被大量使用，成为他们用于装饰各种场合的必需品。有需求就有市场。

李嘉诚认为这是一个难得的机会，于是马上决定生产塑料花。正是靠着这些塑料花，几年后的李嘉诚跻身于香港大富翁的行列。

从李嘉诚创业成功的历程中可见，一个企业家或者一个领导者，要想在市场大潮中立足并脱颖而出，就必须学会预测。一旦预测失误，不但会给经济带来损失，甚至会带来毁灭性的打击。

同样，林炯灿能在香港建立食米王国，也与他超凡的预测能力有密切关系。

林炯灿很早就经营着自己的米店，但当时的香港，该行业竞争实在激烈。因此,效益总是不好。要想找到出路,就必须改变。林炯灿日思夜想,开始寻找市场机遇。后来,他从渐渐流行的小家庭的社会现实中看到了商机:以前各个家庭都流行大家庭模式,全家上下七八口甚至十几口人,他们平常买米一般都会选择大批量购买的方式。而时代不同了,自从小家庭制度流行之后,市民已无意一次购买太多食米。但市场上的各种食米包装还是以前的大包装,显然食米包装赶不上社会转变。于是他预测到:小包装的大米将会受到顾客的欢迎,想到就做。于是林炯灿先行改良了食米的包装,推出了"小包米",用胶袋包装,摆放在超级市场出售,结果大受欢迎,不久其他米商就纷纷仿效。正是通过这一招,使林炯灿的米店取得了在食米行业中不可取代的地位。

从以上两则故事中,我们得出:精明的预测能为企业的发展决策提供自由的空间,使信息产生价值,转变成赚钱的机会。一个企业,要想提高经济效益,扩大利润,就必须了解国内外经济发展形势,并熟悉市场要求与生产流通有关的各个环节。这就需要了解并熟知有利于企业发展的各种信息,做到了熟于心,进而作出促进企业发展的决策。

的确,预测是各级领导和经济管理工作者制定政策,作出决策,编制计划及进行科学管理的重要依据,经济预测的定义已经显示了它在经济建设中的重要意义。一般来说,经济预测包括四个阶段,需要领导者在管理工作中加以巧妙运用:

一是收集、分析在预测工作中需要的各种资料;

二是开始进行各种预测,并得出轮廓性的结论;

三是召开会议,关于预测问题收集意见,做到集思广益;

四是修正、补充预测结论,发布正式的预测报告。

上述过程构成了预测程序,周而复始地循环下去,这样的循环一般每年两次,大约每半年提供一次预测报告。

普希尔定律:拖延会毁掉好的决策

当今世界,机遇是十分重要的无论是对于个人还是企业都一样。但是,机遇之所以为机遇,还因为它是极少见的、转瞬即逝的,因此,如果你是一个领导者,那么,你必须具备果断的品质。只有当机立断,勇敢去行动,才有可能取得成功;如果一味犹豫不决,瞻前顾后,思前想后,等下定决心的时候就只能看别人的成功了。所以说,果断是一个领导者必须具备的品质。

对此,A.J.S公司副总裁普希尔提出:再好的决策也经不起拖延。在作出一项正确的决策之前,速度是关键。即使是一项好的决策,如果不能在公司中迅速达成共识,就等同于虚有。普希尔认为,凡是某些行业内的领跑者,都具有迅速作出一项正确决策的能力。思虑太多,会阻碍迅速作出决策,任何一项正确的决策,都是现在作出来的。后来人们将其总结为"普希尔定律"。

的确，很多企业领导者常浪费太多时间来预测未来，以致延误了作出决策的时机。我们先来看下面这个故事：

王安博士是华裔电脑名人，在他5岁时，曾有一件事影响了他的一生。

一天，他外出玩耍，经过一棵大树时，突然有一个鸟巢掉到他头上，从里面滚出了一只嗷嗷待哺的小麻雀。小孩的心是善良的，于是，他决定把它带回去喂养，便连同鸟巢一起带回了家。

走到家门口，他忽然想起了妈妈不允许他在家里养小动物。于是他轻轻地把小麻雀放在门口，急忙进去请求妈妈，在他的哀求下妈妈破例答应了儿子。王安兴奋地跑到门口，不料小麻雀不见了，一只黑猫正在意犹未尽地擦拭着嘴巴。

王安为此伤心了很久。

从此，他记住了一个很大的教训：只要是自己认定的事情，绝不可优柔寡断。犹豫不决固然可以免去做错事的机会，但也失去了成功的机遇。

正因为此，王安在人生的道路上成就了一番大事业，成为了华裔电脑界的名人……

这只是一件小事，但对于一个企业来讲，领导人的一次迟疑可能会延误决策时机，从而为企业带来巨大的损失。行动的天敌就是拖延，制止拖延的最好方法就是马上付诸行动。犹太人占全球的1%，但全球7%的财富却在他们手中，因为他们是行动的主人。犹太人做任何事都尽最大的努力，从来不把今天的事留到明天。从不拖延，今日事今日毕。同时，作为领导者，做事要坚决果断，这是领导者最为重要的内在素质。

这要求每一个领导者在作决策的时候做到：

1.决策要果断

《论语·子路》里有句话："言必信，行必果。"意思是说话一定要守信用，做事一定要果断。做每件事的时候必须说到做到，果断行事。

果断要求一个人具有善辨的能力，并能迅速估算情况，然后适时作出决定。诚然，果断要求的是速度，但绝不是武断，武断的人往往懒于思考而轻易作出决定。他们虽然也能快速作出决定，但欠缺周全的考虑，因此，他们作出的决定往往是主观的。

2.在抓住机会的同时，也要迅速行动

要成功，除了要抓住机会外，还要行动迅速。在机遇面前，千万不可犹豫，只有抓住机会，将构想赋予行动才会有意义，才可以领先对手，取得成功。

在2003年底，TCL收购法国阿尔卡特的手机业务，率先吹响了"全球规模"的中国企业国际化号角。2004年年底联想又一举吞并了美国IBM公司的全球PC业务，进一步掀起了中国企业"全球规模"国际化高潮。我们把这三个问题拼图拼起来，就看清了事情的全貌：国际化包括渐进式的"自我扩张型"国际化，也有跳跃式的"局部规模"购并国际化和飞鸟凌云式的"全球规模"购并国际化。

总之，领导者在作出任何决策包括实施决策的时候，切勿优柔寡断、前怕狼后怕虎，决定的事就要勇敢地去做，只有抢先一步，才可能为企业赢取先机，获得市场！

青蛙法则：危机意识不可或缺

市场经济下，人们已经逐渐认识到市场行情的变幻莫测，于是，他们在科学管理决策上十分重视防范分析，因为这项工作做好了，就可以防患于未然。但有些领导者却抱着"不会出岔子"的侥幸心理不愿意作这种分析，或者对自己的管理决策十分有把握，不屑于做这种艰苦细致的工作，结果当出现意外情况时，往往措手不及；即使方案勉强通过，也会产生负面影响。我国古代伟大的思想家孟子曾说过："生于忧患，死于安乐"。企业管理也是如此，管理者只有时刻保持危机意识，才能实现企业的长盛不衰。

那些优秀的管理者都明白只有时刻保持危机意识才能不断成长。海尔集团董事局主席张瑞敏在谈到海尔的发展和未来时说："市场竞争太残酷了，只有居安思危的人才能在竞争中取胜。"英特尔公司的缔造者格鲁夫在谈到其取得的辉煌业绩时也说："只有那些恐惧感强烈、危机感强烈的人才能生存下去。"

任何一个企业领导者，都应当从青蛙法则中得到启示。

"青蛙法则"是说把一只青蛙放在一个盛满凉水的容器里，然后慢慢地给容器加热，控制在每两天升温1℃的状态。

水温不断上升，当水温到了90℃——这时青蛙几乎已经被煮熟了，它不会主动从容器中跳出来。其实，这并不是因为青蛙本身迟钝，事实上，如果将一只青蛙突然扔进热水中，青蛙会马上一跃而起，逃离危险。青蛙对眼前的危险看得一清二楚，但对还没到来的危机却置之不理。

"温水煮青蛙"道出了缺少危机意识的危害性。在企业管理中也是如此，作为企业的领导者，如果失去危机意识，认为企业和自己都处于十分安稳、安全的环境下，就容易变得安逸，就会失去工作活力，而一旦遇到真正的危机，那么，就会像温水里的那只青蛙一样束手无策。

无数的事例告诉我们，成功的企业都具有强烈的危机意识。它们在市场这片海上小心翼翼地行驶着自己的船只，然而正是这种深深的忧患意识和一系列的"预警"措施，使它们安然度过了一个又一个"暗礁"，实现了持续的成功。

在世界著名的大企业中，随着全球经济的发展，它们面对的挑战越来越激烈，要是只看到自己的优势地位，就可能遭到淘汰。为改变这种状况，很多企业都非常重视推行"危机式"生产管理。而在我国，华为公司就是其中的一例。

当华为2000财年销售额达220亿元、利润以29亿元人民币位居全国电子百强首位的时候，华为总裁任正非却大谈危机："华为的危机以及萎缩、破产一定会到来。"他在内部讲话中颇有感触地说："十年来我天天思考的都是失败，对成功视而不见，也没有什么荣誉感、自豪感，而是危机感。正因为这样才存活了十年。我们大家要一起来想怎样活下去，或许才能存活得久一些。失败这一天一定会到来，大家要准备迎接，这是我从不动摇的看法，这是历史规律。"

任正非为什么总在兴盛中提醒大家提高危机意识？因为他看到华为的冬天一定会到来，到时候"也会像它热得让人不可理解一样冷得出奇。没有预见，没有预防，就会冻死。谁有棉衣，谁就活下。""创业难，守业难，知难不难……唯有惶者才能生存！"华为的奋进与崛起，就归因于这种深重的危机意识与苦心经营！

巴尔扎克曾经为所有的企业领导者上过一堂耐人寻味的"课"，他说"一个商人不想到破产，如同一个将军永远不准备吃败仗，只能算'半个商人'，是不成功的商人。"怎样才能成为"一个商人"即成功的商人呢？巴尔扎克给出的答案是："要想到破产。"日头正午，是最辉煌的时候，也是西下的开始。虽然说的是自然现象，不能与企业生存发展进行简单的类比，但是企业要时时想到"日落西山"的时候，这是生存法则。

同样，在现代企业中，任何一个领导者都要有这种"想到破产"的危机意识，警惕企业末日（破产）的到来。如果领导者没有这种高度的警惕意识，那么，一旦遭遇事关企业未来巨大危机的突然袭击，必然缺乏应对之策，在无准备之仗中毁掉自己和企业的未来。因此，企业经营者和所有员工面对市场和竞争，要时刻保持危机感，不要沉迷在一度的"成功"里。记住，今天的成功并不意味着明天的成功，企业最好的时候往往是没落的开始！

隧道视野效应：决策需要远见和洞察力

现代社会，作为企业的带头人，领导者的任何一个决策，直接关系到企业人、财、物等生产力要素组织得科学不科学、利用得好不好，是决定企业效率和效益的关键。因此，提高领导者的管理决策能力和管理决策水平，讲求管理决策的科学性，提高领导在科学管理决策过程中的原则性，是提高领导者管理决策艺术的重要课题。

一个优秀的领导者，在制定任何决策的时候，都必须建立在开阔的视野、深邃的洞察力基础上。对于这点，领导者应当从隧道视野效应中有所启示。

这一效应指的是：一个人若身处隧道，他看到的就只是前后非常狭窄的视野。只有具有远见和洞察力，视野开阔，方能看得高远。识时务者为俊杰。一件事情，重要的不是现在怎样，而是将来会怎样。要看到事情的将来，就必须具有高远的眼光。看清它的将来，坚定不移地去做，事业就成功了一半。明智的领导者总会在放弃微小利益的同时，获得更大的利益。我们先来看下面这个故事：

美国的一个摄制组，想拍一部中国农民生活的纪录片。于是他们来到中国某地农村，找到一位柿农，说要买他1000个柿子，请他把这些柿子从树上摘下来，并演示一下贮存的过程，谈好的价钱是1000个柿子给20美元。

柿农很高兴地同意了。于是他找来一个帮手，一人爬到柿子树上，用绑有弯钩的长杆，看准长得好的柿子用劲一拧，柿子就掉了下来。下面的一个人就在草丛里把柿子找出来，捡到一个竹筐里。柿子不断地掉下来，滚得到处都是。下面的人则手脚飞快地把它们不断地捡到竹筐里，同时还不忘高声和树上的人拉着家常。在一边的美国人觉得这很有趣，自然全都拍了下来，接着又拍了他们贮存柿子的过程。

美国人付了钱就准备离开，那位收了钱的柿农却一把拉住他们，说：你们怎么不把买的柿子带走呢？美国人说不好带，也不需要带，他们买这些柿子的目的已经达到了，这些柿子还是请他自己留着吧。

天底下哪有这样便宜的事情呢？那位柿农暗想。看着美国人**远去的背影，柿农摇摇头**感叹道：没想到世界上还有这样的傻瓜！

那位柿农不知道，他的1000个柿子虽然原地没动就卖了20美元，但那几位美国人拍的他们采摘和贮存柿子的纪录片，拿到美国却可以卖更多的钱。他也不知道，在那几个美国人眼里，他的那些柿子并不值钱，值钱的是他们的那种独特有趣的采摘、贮存柿子的生产生活方式。

柿农的蝇头小利比起那几个美国人的利益来说实在不算什么。在企业的投资构成中，我们的决策者是像文中的柿农一样只看到眼前的比较直接的小利益还是把眼光放长远一些，发现更大，但可能比较隐蔽的大利益呢？一个明智的领导者总会在放弃微小利益的同时，获得更大的利益。

纵观古今中外富商巨贾的成长历程，无不是长远眼光、果敢决策的结果。在他们眼里，生意的成功就是决策的成功，而决策不能没有开阔的眼光，在机会面前，有些决策还需要冒险。之所以有的人因冒险一步登天，有的人却因冒险满盘皆输，关键是看眼光是否长远。

那么，现代企业的领导者们，从隧道视野效应中得到了哪些启示呢？

1.决策应立足当下，放眼未来

隧道视野效应告诉我们：一件事情，现在就是现在，现在会成为过去，因此，最重要的是将来。而要看到事物的将来，就必须把眼光放长远。看准了它的发展趋势后，要坚定不移地去做，这样才能取得大成就。

2.要回报，就必须先投资

俗话说"欲取之，必先予之""放长线钓大鱼"，这就是一种长远的投资眼光。可能你会认为你所在的企业现在没有市场，那么，作为领导者的你，就不能自怨自艾，而应该想办法先把市场培育起来，然后再开展市场营销工作。试想，市场需求出现了，还需要担心产品没有销路吗？事实上，在商界，"欲取先予"的做法无处不在，这体现的是领导者高远的眼光。企业想赢利，就必须先投资，"先予"就是一种投资，往往会获得无法估量的收益。

3.积极尝试，摆脱环境的限制

领导者若希望自己能高屋建瓴地把握问题，就必须要有开阔的思路和长远的眼光，而要做到这一点，就必须拓展眼界，增长见识，只有这样才能做到见多识广，才能深谋远虑。

第5章
人脉运作，挖掘与维护企业的关系网

　　现代社会，人们常说，一个人能否成功，不在于你知道什么，而在于你认识谁。实际上企业也是如此，一个企业能否在市场上站稳脚跟，能否实现发展，也都取决于其是否有一本人脉"存折"，为这一"存折"存储成本的便是企业领导者。事实上，企业"人脉"管理亦即企业与社会、企业与企业以及企业与员工的关系管理。企业领导者如果能够准确地把握企业"人脉"管理的节奏，定能在企业管理中产生事半功倍的成效。

250定律：从一个客户开始积累人脉

人们常说"一个篱笆三个桩，一个好汉三个帮""一人成木，二人成林，三人成森林"，也就是说，要想做大事，一定要有做成大事的人脉网络和人脉支持系统。如果说血脉是人的生理生命支持系统的话，那么人脉则是人的社会生命支持系统。很多成功的商界人士都深刻意识到了人脉资源对自己事业成功的重要性。美国钢铁大王卡耐基经过长期研究得出结论："专业知识在一个人成功中的作用只占15%，而其余的85%则取决于人际关系。"同样，作为企业的领导者，从事企业管理的工作，最终也是为了把企业做大做强、让企业在市场竞争中持续获胜。为此，领导者同样需要处理人际关系，为企业积累人脉。而如何为企业积累和经营人脉呢？乔·吉拉德的250定律会对领导者们有所启示。

美国著名推销员乔·吉拉德在商战中总结出了"250定律"。他认为，在每位顾客的背后，都大约站着250个人，这是与他关系比较亲近的人：同事、邻居、亲戚、朋友。如果一个推销员在年初的一个星期里见到50个人，其中只要有两个顾客对他的态度感到不愉快，到了年底，由于连锁影响就可能有5000个人不愿意和这个推销员打交道，他们知道一件事：不要跟这位推销员做生意。这就是乔·吉拉德的250定律。

乔·吉拉德曾经说过："你只要赶走一个顾客，就等于赶走了潜在的250个顾客。"因此，在几十年的推销生涯中，他每天都会默念250定律，绝不会因为顾客的情绪不佳或者刁难而反过来怠慢顾客。

我们不难得出一个结论：必须认真对待你身边的每一个人，因为他们的四周都有一个数量不小的、稳定的人际关系群体。善待一个人，就像点亮一盏灯，照亮一大片。

任何一个企业的效益都来自于客户。因此，领导者的管理工作也不可脱离这一点，要重视企业的任何一个客户，因为这个客户背后，可能隐藏着巨大的人脉资源。我们先来看下面这个管理故事：

刘威是一个民营企业的老板，他很喜欢参加各种社团，包括全国性、区域性、行业性的社团组织有近十个，每一个社团他至少参加一次活动，每一个社团里，他至少也有三四个关系密切的朋友。他说："我企业里70%以上企业外部的事情，都是依靠这些朋友的帮助和支持来顺利完成的，没有他们的鼎力相助，至少要有50%的事情我没办法实现。参加社团有时候费点钱，费点时间和精力，可是带来的效率和效果却是巨大的！"

这里，我们发现，参加聚会与社团是积累人脉的一个有效方式。在这些场合中，你的一个客户会为你介绍第二个、第三个客户，这样，随着客户的增多，生意自然越做越大。可能有些领导者本能地厌恶或害怕参加闹闹哄哄的聚会，认为这些活动纯粹是在浪费时间和精力。当然，你若是想做一个独善其身的人，这些活动的确是浪费时间和生命。而你如果想扩展你的职业和事业，这些活动对你来说绝对必不可少，你需要做的是，分辨出哪些该参加，哪些该拒绝。一旦决定参加，你就肩负一项任务，就是你为什么参加这次活动？你必须从这次活动中有所收获，那就是有利于丰富你的人脉资源。

当然，根据250定律，任何领导者都应当了解，只有大胆跨出第一步，认识并维护好你的第一个客户，他才可能会为你带来更多的人脉资源，因此，要挖掘到好的销售线索，你需要实施一项计划。以下是你可以采取的一些行动步骤：

（1）多与老朋友、老同事、老同学联系，与其分享资源；

（2）克服心理障碍，在参加聚会、老乡会或其他社交活动时，主动介绍自己；

（3）参加所有相关的展销会，并制造机会与合作客户单独谈话。如果有展位，那么，就必须确保任何时候都有员工在场，以便为合作客户解疑答惑。此外，尽量收集名片，必要时也可提供些有价值的东西。

（4）在得到关于某公司、单位有新任总裁、副总裁或者其他职位的确切消息时，你都应该致电道贺。

（5）定期拜访现有顾客，以寻求对客户服务的反馈。例如，产品使用状况如何？对客户服务满意度如何？

当然，领导者在应用乔·吉拉德的"250定律"的第一个月，未必轻松达成大笔生意。但是随着时间的推移，正如乔·吉拉德自己的事业上升轨迹所显示的那样,这种培养潜在客户的方法一定会让你有所收获的!

管理需要不断地维护关系

现代社会,人际关系在各行各业的重要性已经日益凸显。在东方哲学里,关系就是生产力。在西方,关系是最稀缺的商业资源。关系是一个很庞杂的概念,也是一个很复杂的社会现象。无论我们走到哪里,"人熟好办事"的潜规则都是适用的。良好的关系资源对于标榜"见面三分熟"的中国人来说显得更为重要了,要想获得事业上的成功,必须建立自己的关系网。如果你的关系网上有达官贵人,下有平民百姓,而且有人在你春风得意时为你鼓掌喝彩,在你有事需要帮忙时为你两肋插刀。这时候,你就能深刻体会到"关系"的力量!同样,在现代企业管理中,任何一个领导者都不可忽视关系在企业发展中的作用。你只有建立并维护良好的内外部关系,才能获得内外部公众的大力支持,企业的目标才能顺利实现。

我们先来看下面这个管理故事:

陈林是某大型外企的人力资源部主管,可以说,他能坐上这一位子,全凭他自己的实力。因此,对于那些喜欢拉关系的同事,他总是不屑与之为伍。在他的下属眼里,他也是个严肃、开不得半句玩笑的人,因此,无论是与上级还是下级的关系，他处理得并不好。但今年发生的一次事件，让他第一次感受到关系在管理工作中的重要性。

每年公司都会举行一个大型的庆祝活动，而这一策划工作一直是人力资源部接下来的并分配到具体的主管手上。陈林就是这次的幸运儿。

陈林在部门内部如火如荼地开展起了这次策划活动，但问题出现了，这些员工彻底否定了陈林的策划意见。陈林心里明白，他们之所以会这样，完全是因为掺杂了个人情感。陈林终于意识到，原来和员工搞不好关系会导致这样的后果。

后来，他的朋友建议他："我看你最近应该多和领导走动走动了，因为在推行方案或是宣传各种新计划时，首要的一点是必须获得最高管理层的支持。首先，提前与领导沟通，就以后可能出现的问题和碰到的困难告知领导，领导心里就会有数。在真正推行的时候，一旦碰到问题就可以随时获得高层的帮助。其次，如果得到领导重视，领导发了话，下面就没有人敢不听了。倘若某个部门经理不想听你的，但是他必须要考虑到领导。因此，良好的关系对于工作的开展是很有利的。"

听完朋友的建议，陈林若有所思地点点头。

从陈林执行管理工作遇到困难这一案例中，我们发现，出现这一问题主要是因为他没有维护和上下级的关系，以致他的方案遭到了上下堵截，无法通过。可见，一个领导者，要想管理好一个企业，要想让整个企业协调、健康地运行，就必须维护好各方面的关系。当然，因为管理工作的复杂性，领导者需要维护的关系不仅来自企业内部，还来自企业的外部。一般来说，我们可以归纳为：

1.针对客户

与客户的关系，一般是围绕产品而展开的，因此，**需要强调产品质量，并保证服务、注重新产品开发，讲究诚信等。**

另外，面对潜在的客户群体，要注重向社会公众传递经营信息，有效开展公共关系活动，以此扩大组织的社会影响力，获得公众的熟知、信任和支持。

2.针对供应商

企业的利润和收益如何，的确和客户有很大关系，但供应商的作用也不可小觑。为了与供应商进行长期合作，领导者不仅需要本着互惠互利的原则与之合作，还需加强与供应商的交流，进行定期拜访，加深彼此间的感情，深化友谊，另外，对于合作中出现的问题，一定要及时、主动地加以沟通和解决。

3.针对竞争者

市场大潮中，竞争的存在是理所当然，也是不可避免的，但竞争者之间并不一定要怒目相向，只要达成一定的利益共识，是可以实现合作并缓解紧张情绪的。当然，在竞争中不可掉以轻心，要树立防范意识，对核心技术和经营决策要采取保密措施，并要预防竞争者采取尖锐的竞争手段，对组织的生存构成威胁。

4.针对政府部门

企业要做到长远发展，就必须响应政府的号召，切实履行企业在社会中的义务和责任，比如积极参加社会公益活动，主动帮助政府解决就业等社会问题等，还要做到足额纳税。遵纪守法，还要注意保护生态环境，做到可持续发展。

5.针对新闻媒介

企业的公关部门要与新闻媒介、记者保持良好的关系，做到常交流、多沟通，并懂得制造新闻热点，还需要定期举办新闻发布会，以做到通过媒体宣传企业与产品，提高企业知名度等。

6.针对金融机构

要多学习金融政策、法规等，并做到合法、诚信经营。发生信贷业务的，应依据约定，按期支付利息和归还本金，建立良好的信誉等级。

当然，无论是内部关系还是外部关系，其维护都需要围绕关系目标，针对不同公众的个性、特点、期望、要求及利益共鸣点，选择恰当的传播、沟通、协调、引导、协作等手段，建立紧密的公共关系，帮助企业树立良好的公众形象。

记住他人的名字，让对方倍感尊重

生活中，我们常有这样的感受：在一些偶然的场合，你被多年不见的朋友、同事、同学叫上名字，心中难免分外高兴，因为感到自己被人尊重，顿时觉得暖意融融。同时，你也可能会遇到这样的尴尬事：遇到一位熟人，突然忘记了他（她）的姓名。此时如何是好？要么以"你好"或"您好"相称，要么招手示意、一笑了之。不管怎么蒙混，总觉得对对方不太尊重。的确，每个人的内心深处，都渴望被别人在乎、关注和尊重！而关注、尊重他人很重要的就是叫出他人的名字！

从事管理工作的领导者们，每天都要与不同的人打交道，更要"勤奋"一点，记住他人的名字，让对方感受到你的诚意，你的人际关系自然变得融洽起来。而在人际交往中记不住对方的姓名，轻则让对方没面子，重则给对方的心理造成伤害。

在人民大会堂，国家领导人曾接见过一个普通劳动者，当场叫出了这个人的名字。这位普通劳动者听到后，激动不已，倍感自豪，终身难忘。这个场景非常感人，从记住对方的名字中，体现了国家领导人对普通劳动者的尊重。尊重在于把普通劳动者放在心上。

看来，记住对方的名字似乎是一桩小事，但做到与否，却涉及是否尊重对方。领导者在日常工作中，不免要与各类客户打交道，名字只是一种文字符号，但谁都希望别人能记住自己。如果客户曾与你有过业务往来，与你再次见面或再次发生业务关系时，你忘记了客户的姓名，或张冠李戴，或再次问"您贵姓"，双方一定会觉得非常尴尬，亲切愉快的气氛也会被打破。

据说美国前总统罗斯福记人名的能力非常惊人。

有个曾为美国历届领导人制造小汽车的汽车公司，在一次聚会上，公司经理曾把机械师坎茨介绍给总统。几年后，当张伯伦带着机械师坎茨再次见到总统时，罗斯福首先热情地和他们握手，亲切地叫着他们俩的名字，这使张伯伦和机械师都特别兴奋。为报效总统的异常记惦和知遇之情，回公司后，他们用将近一年的时间，专门为罗斯福精心设计并制造出了一辆别致的小汽车。

相对于普通民众来说，国家领导人高高在上，而罗斯福却能记住他们的名字，这就是一种尊重。

美国的钢铁大王卡内基并不是如人们所想的那样深谙钢铁制造，他手下有好几百个经理人，每个人都比他更了解钢铁。然而，钢铁大王卡内基成功的原因是什么呢？实际上，在他很小的时候，就显示出出色的组织、领导才能。

10岁时的卡内基，有一天抓到了一只母兔，母兔不久生了一窝小兔子，

饲料因而不够食用，卡内基如何处理呢？他一点也不头痛，他的脑海里早有了很美妙的构想，他把邻近的孩子们集合起来宣布：谁能拔最多的草来喂小兔子，就以他的名字给小兔子命名，于是孩子们都争先恐后地为小兔子寻找饲料，卡内基的计划顺利地实现了，他始终没有忘记这一次的成功。终其一生，他就是利用人们的这种心理成功地领导着许许多多的人。

一个十岁的孩子就懂得一个人的名字与他自己有着微妙而不寻常的关系。正是因为了解这一点，卡内基便利用人们的这种心理获得了很多人的协助，而成就了一番伟业。他曾经说过："一个人的姓名是他自己最熟悉、最甜美、最妙不可言的

声音，在焦急中最明显、最简单、最重要、最能得到好感的方法，就是记住人家的名字。"其实，记住对方的名字，就很容易赢得好感。因为姓名代表一个人的自我，只有在自我受到尊重的时候，人们才会感觉快乐。我们应该注意到这一点：一个名字所能包含的奇迹。

凡是成功的人，都知道记住别人的名字，将会给自己的人生带来莫大的助益。他们了解，掌握人心之法并不在于很深的理论，而是在于记住别人的名字，并且亲切地招呼。

因此，如果你想成为一个成功的领导者，那么，就首先从记住别人的名字开始，也表示你是一个有涵养的人，并且能够表现个人魅力。

为此，身为企业领导者的你，需要做到以下两点：

（1）和客户交往，要把顾客放在心上，建立顾客档案，准确记住顾客的名字及相关资料，不仅有利于缩小双方的距离，促使交易的实现，而且容易让客户感受到你的修养和素质，给对方留下好印象。

（2）和陌生人交往，如果没听清对方的名字，你一定说："对不起，请问您的名字是？我没听清。"

可能你会认为，这样发问会难堪、不好意思，实际上，你会让对方产生好感，他会很乐意再次复述自己的名字，因为名字是每个人最珍贵的"私有财产"。

通过"中间人"使关系更融洽

不可否认,在以关系为本位的中国社会,在求职、升官、解决难题、争取权力等方面,完全不靠关系几乎是不可能的。作为一个领导者,自然就免不了与各种人打交道,这不仅能让自己交朋结友,还能为企业积累人脉。但如何和陌生人拉近关系呢?其中一个重要的方法就是"中间人介绍法"。比如,饭桌上,面对自己不认识的人,如果你有结交的欲望,但却不知如何打破沉默。此时,你不妨让饭局的主办人来为你引荐。这一方法的背后是社会学中的熟识与喜爱原理,这个原理就是,人们很愿意答应自己熟识与喜爱的人提出的要求。也就是说,通过中间人,我们能与陌生人的关系更融洽。

我们先来看下面这个故事:

做社区工作的赵主任,有过这样一段耐人寻味的经历:

这个街道需要引进一批新的运动器材,需要200多万元资金,多次向上级领导钟主任打报告,未果。但在一次偶然的机会中,他却找到了解决问题的渠道。

那次,他和几位领导去酒店吃饭。席间,喝了几杯酒,赵主任就不经意地提到了自己的心事:"各位,你们说钟主任为什么不批呢?"几个主管领导先是哼哼哈哈,不作回应。酒过三巡后,领导们的脸红了,声音也大了,话也多了起来。赵主任见状,针对这件事又提了一次。其中一位领导听了,扯着脖子说:"我们在喝酒,你谈什么买器材,这样吧,你要是把这瓶白酒干

了，我就保证帮你摆平钟主任，我们是好哥儿们。"赵主任本来是有些酒量的，见领导发话，一咬牙就把剩下的白酒全喝了。

领导一见，大声说："够意思，实在够意思！"酒桌上的气氛达到了高潮。赵主任那晚醉得一塌糊涂，但很快，购买器材的事就批下来了。原来，当时让他喝完一瓶白酒的领导正是钟主任的顶头上司，购买器材，只要他发话，钟主任不敢违抗。

赵主任费尽心思要办的事情，居然因为无意中的一顿饭、一瓶酒，就办成了。可谓"有心栽花花不发，无心插柳柳成荫"。

的确，有时候，只要处理好人脉关系，事情就好办了。有时候你参加某种场合，并不是有求于人，也不一定是被人求，甚至和在场的很多人完全陌生，你可能认为自己是个配角，可有可无，而实际上，既然你参加这种场合，就应该加以重视，因为你同样可以借他人所设饭局获取更多信息，从而帮助你达到交际的目的。

那么，作为领导者的你，该如何通过中间人完善与陌生人的关系呢？

1.表明自己和"中间人"的关系

比如，一般来说，"中间人"会告诉对方："这位是××，是我的大学同学。"然后再告诉另外一方："这位是××，是从小和我一起长大的哥儿们"当彼此都了解和主办人的关系后，交流时也就心中有数了。

2.让"中间人"指出双方的共同点，为双方制造话题

与人交谈遇到的第一道关卡便是谈什么，即选择什么话

题。有了共同话题，就能使谈话融洽自如。共同话题，是初步交谈的媒介、深入细谈的基础、纵情畅谈的开端。但话题的选择不能一厢情愿，因为交谈是双方的。而对于初次交谈的陌生人，找到共同的话题至关重要。

如果你希望和陌生人聊得投机，就少不了"中间人"的帮忙，在"中间人"简单地介绍完彼此之后，还可以让中间人进一步介绍："今天我把你们一起请来真是明智之举，因为你们都对古代文学颇有研究，相信你们很想切磋切磋。"这样一说，自然对彼此有了更深的了解，而更重要的是，共同话题有助于加深彼此间的感情。

有了自然而得体的话题，有了认同感，再加上交谈时诚恳、热情的态度、语言以及双方表现出的对共同话题的勃勃兴致，和谐的交际气氛就营造出来了，这样就为下一步的交谈打下了良好的基础。

3.切勿过于急功近利

谈话内容一定要有弹性，不要硬性表明自己的目的。因为重要的不是你做了什么，而是人们对你的这种方式是否接受。

总之，一名优秀的领导者头脑一定要灵活，善于运用对自己有利的一切力量。从身边的人开始挖掘人脉资源，这需要你先与他们联系，再以他们为中心，更进一步扩展资源，但这中间，需要你维护好和这些"中间人"的关系，一个令人憎恶的领导者，是很难得到他人的帮助的！

达成共赢才能使利益最大化

现代企业，领导者都希望为企业赢取最大利益，于是，在各种利益争夺战中，一些领导者总是想法设法在利润上"做手脚""磨嘴皮子"与合作方僵持不下，而实际上，要想与客户实现长期合作，就必须不断寻求建立双方友好关系的途径，这其中就包括双赢。尤其在谈判阶段，作为一方领导的你，需要努力营造出一种双赢合作的友好谈判气氛，以促进与客户之间的长期合作关系。如何才能与客户建立一种双赢合作、长期友好的合作关系呢？你应该时时让客户感觉到你能够提供令其感到满意的产品或服务，能够满足其多种需求。我们先来看看客户主管杨建的谈判经历：

杨建是一家油漆公司的销售主管，他们公司推出的油漆有环保、无异味的特点，很适合现代家居环保的要求。正是这一优点，杨建所在公司的生意一直很红火。

最近，他联系了一家地产公司的李经理，他们洽谈了许多合作事宜。但是，李经理坚持要降价，这一点让杨建很为难，他需要回去和上级领导商量，于是谈判暂时搁浅。不久后，杨建和李经理再次坐到了谈判桌上。

"李总，你好！关于您提出降价的条件，我已经与公司上级领导商量过了。我们都觉得，如果您能在贵小区优先替我们旗下的新油漆公司做广告宣传的话，我们公司愿意以最低的价格与您这样的大客户长期合作。"

"不好意思,我们从不会为住户主动推荐那种油漆。"

"您误会我的意思了,我们并不希望您推进,我们只需要一个安全的宣传环境就行。"

"你们要宣传多久?"

"开盘后的一年内。"

"可以。"

最终,李经理以最低的价格落成了新的楼盘,而杨建所在公司旗下的新油漆也得到了大量的宣传,销量很好。

案例中,作为谈判方的代表,杨建的聪明之处,就是利用了双赢这一原则,让客户和销售员实现了利益互补,交易的达成必然水到渠成。

的确,任何一个领导者,通常都是企业的利益代表,他们都希望能为企业赢取更多的利益,但如果你一心想着如何占客户的便宜,你要么会因为贪婪的心理而误入歧途,要么会驻足不前没有业绩。做生意终究还是以赚取利润为根本目的。所以能实现双赢是一种很理想的状态。

大凡在市场上长期站稳脚跟的企业都懂得双赢的道理,这是能长期维持合作关系的前提。

作为企业领导者,也应本着"双赢"的理念开展工作,并时刻以双赢作为成交的基础。那么,领导者如何与客户实现双赢呢?

1.诚信为先

诚实守信是一切交易的前提,也是实现双赢的前提。领导者在与客户合作的时候,无论是介绍产品,还是在谈判阶段,都要秉着一切从事实出发的原则，切忌一味夸大，更不能欺骗客户。否则一旦被对方拆穿，就很难再取得客户的信任，交易也就很难进行下去。

2.从对方的需求出发

如果你能事先了解客户的真实需求，真诚地替客户着想，为客户提供最适合他们的产品，让客户认识到产品所能带给他的优势，感觉的确得到了足够的利益，这样客户就会在一定程度上作出退让，从而实现双赢。

3.站在对方的角度说话

"这种产品的市场价格一直很高，我们的已经很低了，总不能让我们亏本做生意吧！"

"这种产品的价格确实贵了点，但你想想，它的性能好，才可以支持贵公司的高强度作业，安全才有了保障。"

很明显，第二种说法比第一种说法更为高明，因为它能联系到客户的实际情况，显然更容易被客户接受。要想得到客户更多的信赖，领导者就要站在客户的立场上为客户出谋划策。

4.先交朋友，后做生意

有时候，建立个客户档案很重要，这有利于培养和客户之间的感情。在平时，销售员也要通过不断关心客户的工作、生活等，让对方视我们为朋友。这样，没有购买的客户会成为我们的准客户，已经成交的客户也会同我们继续合作。

5.双方达成协议

你要明白，对于自己的客户，再好的关系也要用合同或是书面证明做保障,也就是签约。而这也是保护自己与企业的利益的最根本、最有效的方法。

善于笼络人心,巧妙"拉帮结派"

现代管理的诉求点是"人性化管理",因为管理之道在于"和","管理是人力发展,而非事务指导",因此,我们可以说"管理是人事处理",因为管理活动需要幕后的参谋人员互相配合,方能达成目标。也就是说,管理系统为人力使用的系统,再由人力系统使用机械力系统,所以管理工作若失去"人"的基本要素,则成真空。关于这一点,企业管理者若希望管理工作"得道多助",就必须"笼络人心"。企业家李嘉诚在企业内部实行的就是"走动式管理"。

李嘉诚热衷于与员工进行充分的沟通、交流,强调与员工打成一片的重要性,这是因为受到日本东芝公司的启发。李嘉诚非常喜欢看书,经常翻看著名企业家的成长历程。他从书中发现日本东芝电器公司的社长十分推崇"走动式管理"。他总是走到员工中间,深入地体察民意,了解企业和员工的真实情况,只要发现问题就立马解决,有力地促进了公司的生存和发展。因此,李嘉诚告诉员工:"现在我不是公司的领导者,你们只需要把我当成你们的长辈,我今天坐在这里就是想跟你们分享彼此的经验,这样我们大家才能共同成长。"简单的几句话,就把大家的距离拉近了，每个员工心里的石头一下落到了地上。

李嘉诚平时工作非常忙，根本没有时间去工厂视察工作。于是，他就利用中午时间和员工一起到食堂吃饭。一开始，很多人还以为眼睛花了，李嘉诚怎么也跑到食堂和我们一起吃饭。而李嘉诚只要看到员工惊讶的眼神，总会微笑着先与员工打招呼。开始时，李嘉诚会发现整张桌子就他自己在吃饭，甚至连周围的餐桌都没有人，员工都离他很远。李嘉诚一看没有人愿意和他坐在一起，就"不识趣"地主动坐过去。久而久之，李嘉诚就和员工非常熟悉了，员工对他到食堂吃饭也不会感到大惊小怪，大家更抢着和李嘉诚坐在一张桌子上。

在李嘉诚看来，发现公司细小问题的最快速、最有效率的方式，就是与员工打成一片。只要有机会，就要和员工多多地交流、沟通，从他们的谈话中就可以发现平时根本无法察觉的问题。

公司的领导者应该放下尊贵的架子，走进员工当中，很可能在不经意间，你就会有"重大发现"。假使每一位下属皆能自动自发，依照上级指示的政策目标而努力，则可以不必"督导"活动。

当然，企业领导者，需要维护的关系远不止这一点，除此之外，领导者还需要维护和上级的关系、与同级领导的关系，与客户的关系等。但无论处理何种关系，领导者都需要记住以下几点：

1.对待部属和员工

管理是人力发展及借力的活动，所以我们首先要诚恳地把希望别人对待我们的方法用来对待部属。"待人如己，己所欲施于人"的名言，确实是最简单的管理法，任何行业，任何规模,以及任何部门的管理人员,皆可应用这种简单方法,有效地达成目标。

(1)员工都不喜欢加班,但如果能因此而得到更多的报酬和奖励,员工认为这是合理的。同样,如果一个员工努力工作却没有得到应有的肯定,那么,他就会产生负面情绪;

(2)如果你必须辞退一个员工,那么,请记住,给他一个真诚、庄重的理由,而不可以使用一张纸条或同事的一个传话,这只能表明你在敷衍了事;

(3)每个人都希望为为人处世公平、公正且工作能力强的领导工作;

(4)你的指令不可太复杂、含混,让下属捉摸不透,你应该直接告诉他如何做。

(5)每一个员工都喜欢领导者承认他的工作表现及贡献;

(6)让你的员工知道他的努力工作帮了你不少忙。因为许多人希望他每日的工作对别人有所帮助。

2.对待客户

企业做大做强的最神秘部分在哪里?就是消费者那颗猜不着摸不透的心,恰如大海里捞针。一个聪明的领导者不会只坐在办公室内纸上谈兵,还会用双脚去跑,用"心"去洞察消费者的不同消费特性,从而真正接触客户,与客户搞好关系。

除了以上两点之外,领导者还需要搞好社区关系、政府关系、金融关系、股东关系以及供应商关系。当然,其中仍以员工关系和客户关系的处理最为直接相关。

第6章
员工激励，让企业的生命力更旺盛

很多企业领导者在管理工作中感叹，为什么我们的员工毫无激情？弗朗西斯说："你可以买到一个人的时间，你可以雇一个人到固定的工作岗位，你可以买到按时或按日计算的技术操作，但你买不到热情，你买不到创造性，你买不到全身心的投入，你不得不设法争取这些"。怎样争取到这些呢？答案是：激励是灵丹妙药！有效的激励会点燃员工的激情！你要记住，你的成功时刻需要员工的支持和配合。如果员工是千里马，那么你愚笨的驾驭可能使他们连普通的马都赶不上。反之，你聪明的驾驭会让他们最大限度地发挥他们的才智，给你带来意想不到的成功和惊喜。

赫勒法则：适度监督调动积极性

在提倡人性化管理的过程中，我们主张激励员工，给予员工信任，但领导者在学会信任的同时，依然要履行领导者监督的任务。在工作中，对待员工或者是工作应该把信任和控制并行起来，如果只有信任没有监控，那么信任是没有办法长久的；反过来，如果一个管理者只会监控员工，就会让员工觉得你对他没有一点信任，那么监控最后也会失效。对此，英国管理学家H·赫勒提出：没有有效的监督，就没有工作的动力，有效监督，才能调动员工的积极性。这就是著名的"赫勒法则"。

可能很多领导者会产生疑问，为员工放权才是尊重、激励员工的体现，监督起到的应该是反作用，其实不然。因为人都有被尊重和被肯定的需要，满足这些心理需求，他才会更加努力地工作，而对员工监督就是一种肯定的表现，试想，如果你对一个员工的工作状况从不过问、完全置之不理，员工又是什么样的感受呢？

美国著名快餐大王肯德基国际公司的连锁店遍布60多个国家和地区，总数达9900多个。然而，肯德基国际公司在万里之外，又怎么能相信它的下属循规蹈矩呢？

有一次，上海肯德基有限公司收到3份国际公司寄来的鉴定书，对他们外滩快餐厅的工作质量分3次进行了鉴定评分，分别为83分、85分、88分。公司中外方经理都为之瞠目结舌，这3个分数是怎么评定的？原来，肯德基国际公司雇佣、培训了一批人，让他们佯装顾客进入店内进行检查评分。这些"神秘顾客"没有时间规律，这就使快餐厅的经理、雇员时时感受到某种压力，丝毫不敢懈怠。正是通过这种方式，肯德基在最广泛了解到基层实际情况的同时，有效地实行了对员工的工作监督，从而大大提高了他们的工作效率。

这则案例中，是什么使得肯德基的员工们努力、勤奋地工作呢？是领导者的暗访这种监督方式。

那么，为什么要监督员工呢？这是因为，人都是有一定的本质的，其中就包括懒惰。这也是领导者必须进行管理工作的一大原因。管理的主体是人，客体也是人，要真正达到调动员工的工作热情，提高员工的工作积极性，就要良好地运用企业的激励和监督机制，调动好你的指挥棒。

为此，作为企业领导者，不仅要为企业建立起科学有效的激励机制，还必须进行科学地实施和管理，监督各项工作的顺利进行。有效的激励机制能大大加强员工的工作主动性和热情。但仅有激励是不够的，建立一个有效的监督机制，是让你的员工"动"起来的一个重要保证。

另外，领导者在实行监督工作时，必须明确以下几点：

1.收集信息是实现目标的手段，而不是根本目的

很多领导者喜欢收集各种各样的信息，通过这些信息，他

们能掌握下属的行为动向，实际上，这些报表和数字等对领导者实现目标已经没有任何意义了。因此，领导者要明确的是，收集信息是本着实现目标的目的而进行的。

2.把目标放在重要环节上

举个很简单的例子，对于那些大宗仪器，诸如汽车、飞机的仪表、表盘都是用来监控的，在表盘上没有多余的仪器、仪表，这是为什么？因为这些都是我们必须要监控的部分，而其他部分则不需要我们去控制。

做管理其实也是一样的，如果我们去检测控制过多的东西，反倒该监控的部分会落掉。

3.多采用抽查的监督方法

监督的目的不是临视，而是激励，因此，领导者监督，不需要事无巨细，逐一检查不但需要耗费大量的时间和精力，还会让下属对自己产生不信任的感觉，此时，监督不但不能起到激励的作用，还可能引起员工的负面情绪。

肥皂水效应：委婉的批评更有效

俗话说，人无完人。作为领导者，在管理企业的过程中，难免会遇到员工和下属犯错误的情况，此时，你如何批评下属就体现了你的领导艺术。合理、中肯、委婉的批评往往更能让下属认识到自己的错误，同时，他们会受到鼓舞，继而改正错误。

对此，美国前总统约翰·卡尔文·柯立芝提出了肥皂水效应：

约翰·卡尔文·柯立芝于1923年担务美国总统，他有一位漂亮的女秘书，人虽长得漂亮，但工作中却常因粗心而出错。

一天早晨，柯立芝看见女秘书走进办公室，便对她说："今天你穿的这身衣服真漂亮，正适合你这样漂亮的小姐。"这句话出自柯立芝口中，简直让女秘书受宠若惊。柯立芝接着说："但也不要骄傲，我相信你同样能把公文处理得像你一样漂亮的。"果然从那天起，女秘书在处理公文时很少出错了。

一位朋友知道了这件事后，便问柯立芝："这个方法很妙，你是怎么想出来的？"柯立芝得意洋洋地说："这很简单，你看见过理发师给人刮胡子吗？他要先给人涂些肥皂水，为什么呀，就是为了刮起来使人不觉得痛。"

肥皂水效应告诉人们在批评别人时要采取巧妙而正确的方式，以减少批评的负面效应，达到批评的目的。将对他人的批评夹裹在前后肯定的话语之中，减少批评的负面效应，使被批评者愉快地接受对自己的批评。以赞美的形式巧妙地取代批评。

的确，批评下属，也要靠技巧。不要用恶语中伤他人，劝告他人时，如果能态度诚恳，语出谨慎，将会得到更多的友谊和人缘，达到事半功倍的效果。我们先来看看伏尔泰的批评技巧。

伏尔泰曾有一位仆人，有些懒惰。一天，伏尔泰请他把鞋子拿过来。鞋子被拿来了，但沾满泥污。于是伏尔泰问道："你早晨怎么不把它擦干净呢？"

"用不着，先生。路上尽是泥污，两个小时以后，您的鞋子就又和现在一样脏了。"

伏尔泰没有讲话，微笑着走出门去。仆人赶忙追上说："先生慢走！食橱上的钥匙？我还要吃午饭呢。""我的朋友，还吃什么午饭？反正两小时以后你又和现在一样饿了。"

伏尔泰巧用幽默的话语，批评了仆人的懒惰。如果他厉声呵斥他、命令他，就不会有这么好的效果了。

委婉式批评也称间接批评。一般采用借彼比此的方法，声东击西，让被批评者有一个思考的余地。其特点是含蓄蕴藉，不伤被批评者的自尊心。

和谐的上下级关系不是下属有了缺点和错误不加以批评、放任自流，而是领导者对下属进行批评教育时，要善于因势利导，循循善诱。

那么，具体来说，领导者如何批评下属，才能起到事半功倍的效果呢？

1.批评要具体

批评千万不能无事生非，毫无根据，这样，你的下属是无法接受的，因此，你的批评必须是具体的，要针对具体的事进行批评，并且，最好能帮助下属认识到问题的所在，并找出解决的方法。

2.诚恳礼貌

批评本身就是一件不愉快的事，没有人喜欢被他人批评，因此，批评能否起到效果，很大程度上是取决于领导者的说话态度的，所以领导者应该注意自己在批评时的态度，即便存在个人成见，也要始终保持友善的语气。

3.客观公正、一视同仁

任何人被领导冤枉，都难免心生不悦，为此，为了保证领导者的批评是正确的、客观的，你需要在批评之前先进行一番调查。并且，在批评的时候，不要劈头盖脸、不分青红皂白，而应该给下属澄清、复述事情经过的机会。

另外，如果事件涉及的是一个团队或者几个人，那么，领导者就不要只对其中的某一位下属进行批评，而应该一视同仁，这样，你的批评才会公正，让下属信服。

4.不是所有事都要批评

人无完人。每个人在工作中难免会犯一些错误，只是错误的轻重程度不同而已。领导者对于那些重大错误要给予批评，而对于一些无关紧要、稍微处理即可的事件则不必作吹毛求疵的批评。如果是因为工作习惯和风格不同而去批评下属，是非常没必要的。

横山法则：让下属能够自发地工作

作为一个企业的领导者，你是否考虑过这样一个问题，员工为什么不能积极主动、全力以赴地工作？员工的工作热情为什么难以持久？员工为什么不能像老板一样工作？实际上，懒不是人的本性，是由于环境所造成的，下属之所以懒，是由于缺少领导者的激励。人是需要被激励的，人的工作干劲来自激励。所谓：矢不激不远，人不励不奋。有无激励大不一样。对此，日本社会学家横山宁夫提出：自发的才是最有效的，激励员工自发地工作最有效。持续不断的控制不是强制，而是触发个人内在的自发控制，这种观点被称为横山法则。

这一法则告诉所有的领导者，有自觉性才有积极性，无自觉性便无主动性。在管理的过程中，领导者常常过多地强调了"约束"和"压制"，事实上这样的管理往往适得其反。如果人的积极性未能被充分调动起来，规矩越多，管理成本越高。

松下幸之助说，"管理的最高境界是让人拼命工作而无怨无悔"。从长远来看，你根本无法强迫任何人做事，只能让他们心甘情愿地做。而唯有激励才能让员工的激情燃烧起来，经久不息；唯有激励才能使人的潜力得到最大限度的发挥。

因此，聪明的领导者懂得在"尊重"和"激励"上下工夫，了解员工的需要，然后尽量满足。只有这样，才能激起员工对企业和自己工作的认同，激起他们的自发控制，从而变消极为积极。真正的管理，就是没有管理。

作为国有特大型企业集团，澳柯玛始终恪守人本管理的原则，成功地建立起了以"善待员工，厚爱企业"为核心的企业文化，大大加快了企业的发展，同时调动了职工爱岗敬业的积极性，有效地促进了员工的自我管理。

对企业来说，出现劳资纠纷是最平常不过的事情。但在澳柯玛，这种现象没有出现过，也从未出现过一次职工上访情况。为此，青岛市授予澳柯玛"信访工作先进单位"的荣誉称号。而这正是澳柯玛善待员工的一个表现。

这些年来，从为职工解决住房、进行技术培训、开展困难救助到改善工作环境、开通班车，凡是职工在工作、学习、生活中有要求的，公司都尽量考虑到并努力做到。公司在细微之处体现出的人性化特别让人感动。据悉，从1995年至今，澳柯玛共拿出了1.7亿元来解决职工住房问题。

澳柯玛集团公司现有职工8000多人，其中农民工大约占到一半。公司不仅在合同、保险等方面对农民工和城镇职工一视同仁，还通过考察学习、技术培训和业务培训等，尽快提高农民工的素质和技能，并对有能力的农民工委以重任。目前，集团有相当一部分中层干部就是从农民工中产生的。

澳柯玛为什么能实现员工自动自发地工作？因为澳柯玛集团公司特别注重人性化管理，正是这种关注员工需求的管理方式，让澳柯玛实现了员工的自我管理。良性互动让企业与职工的心贴近了，企业发展的步伐由此更快了。

心理学家认为，一般情况下，人的行为都是发自于某种动机，也就是说，内部动机是行为产生的动力。动机的性质不同，强度不同，对行为的影响也不同。所以，一个员工，他是否愿意从事工作、其工作积极性高低与否，直接取决于他进行这一工作的动机的强弱。而形成动机的条件一是内在的需要，二是外部的诱导、刺激。内在需要是根本原因。综合起来讲，就是"需要产生动机，动机引发行为"。因此，激励的本质就是满足需要，激励的研究应从了解人的需要入手。需要就是指人们对某种目标的渴求和欲望，它能使某种结果变得有吸引力，是人们行为积极性的源泉。

因此，如果领导者希望你的员工付出最大的努力工作，就应该调整自己的激励实践以满足员工的需求和愿望。善待员工，员工必然会对企业充满感情。促进员工自我管理的方法，就是处处从员工利益出发，为他们解决实际问题，给他们提供发展自己的机会，给他们以尊重，营造愉快的工作氛围。做到了这些，员工自然就和公司融为一体了，也就达到了员工的自我管理。

马蝇效应：激发下属的竞争意识

任何一个领导者都明白，管理做的就是人的工作。很多公司和企业之所以不能很好地发展，甚至不得不面临倒闭，都是因为没有做好这一工作。而如果一个领导者能带领一支由不同的专业知识技能成员组成的团队，充分发挥团队成员的积极性，便能不断挑战更高的工作目标，不断创造更大的绩效。而要做到这一点，你可能要比其他员工更勤奋，需要你掌握更多的知识，但最重要的是你要善于运用自己的智慧，激发员工的竞争意识。关于这一点，有个著名的"马蝇效应。"马蝇效应来源于美国前总统林肯的一段有趣的经历。

1860年大选结束后几个星期，有位叫巴恩的大银行家看见参议员萨蒙·蔡思从林肯的办公室走出来，就对林肯说："你不要将此人选入你的内阁。"林肯问："你为什么这样说？"巴恩答："因为他认为他比你伟大得多。""哦，"林肯说，"你还知道有谁认为自己比我要伟大的？""不知道了。"巴恩说，"不过，你为什么这样问？"林肯回答："因为我要把他们全都收入我的内阁。"

事实证明，这位银行家的话是有根据的，蔡思的确是个狂态十足的家伙。不过，蔡思也的确是个大能人，林肯十分器重他，任命他为财政部长，并尽力与他减少磨擦。蔡思狂热地追求最高领导权，而且嫉妒心极重。他本想入主白宫，却被林肯"挤"了，他不得已而求其次，想当国务卿。林肯却任命了西华德，他只好坐第三把交椅，因而怀恨在心，激愤难已。

后来，目睹过蔡思种种形状并搜集了很多资料的《纽约时报》主编亨利·雷蒙特拜访林肯的时候，特地告诉他蔡思正在狂热地上蹿下跳，谋求总统职位。林肯以他那特有的幽默神情讲道："雷蒙特，你不是在农村长大的吗？那么你一定知道什么是马蝇了。有一次，我和我的兄弟在肯塔基老家的一个农场犁玉米地，我吆马，他扶犁。这匹马很懒，但有一段时间它却在地里跑得飞快，连我这双长腿都差点跟不上。到了地头，我发现有一只很大的马蝇叮在它身上，于是我就把马蝇打落了。我的兄弟问我为什么要打掉它。我回答说，我不忍心让这匹马被残酷地咬。我的兄弟说：'哎呀，正是这家伙才使得马跑起来的嘛！'"然后，林肯意味深长地说："如果现在有一只叫'总统欲'的马蝇正叮着蔡思先生，那么只要它能使蔡思那匹马不停地跑，我就不想去打落它。"

马蝇效应告诉所有的领导者，团队的力量是无法估量的，而高效的团队效率则来自于充分运用团队中的那些有强大能力或特殊资源的成员。然而，这些特殊的资源并不是那么容易管理的，要将他们团结在一起，就要善于运用"马蝇效应"，从而有效地激励并点燃员工的激情，促使他们的工作动机更加强烈，让他们产生超越自我和他人的欲望，并将潜在的巨大的内驱力释放出来，为企业的远景目标奉献自己的热情。

然而，人与人并不是相同的，激发他们斗志的"马蝇"也是不同的，有的人比较理想，可能更看重精神上的东西，比如荣誉、尊重；有的人比较功利，可能更看重物质上的东西，比如金钱。针对不同的人，要对症下药，投其所好，用不同的方式去激励他。总之，要让这匹马儿欢快地跑起来。

那么，针对不同的员工，领导者该如何激励呢？

1.面对有优势的员工

这些员工的工作能力是值得肯定的，他们有着一般员工所不具备的特殊才能，正是因为如此，他们的优越感也是显而易见的，他们偶尔会表现出不可一世的态度，对于这样的员工，领导者要学会用自己的实力、强硬的工作作风、公司的制度来管理，另外，委派任务的时候，也可通过激将法激发他们的斗志，从而使其为企业效力。

2.针对有背景的员工

员工有背景，背景可能种类不同，但无论何种背景，都会对身为领导者的你产生一种威胁，是对你的权威的一种挑战。这类员工，因为有背景，他们往往在为人处世和工作中都表现出更多的自信。那么，如何和这类员工相处呢？最好的方法是保持一定的距离，不可太过亲密，也不能过于疏远。

3.面对想跳槽的员工

员工想跳槽，无非是对现状，也就是职位、薪水不满意，这就是驱使他们作出抉择的"马蝇"。

总之，领导者要明白，领导这一职务的获得并不代表你是最有能力、最有背景的，同样，你的下属也可能在这些方面比你更有优势，对于这样的下属，是不好管理的，因为他们不仅有着强烈的金钱欲、职位欲等，还可能威胁到你的工作，因此，要想让他们安心、卖力地为你为企业工作，就一定要找到激励他的"马蝇"。

倒金字塔管理法则：给予下属权力

现代社会，成功的企业都把建立人性化的管理理念放在首要的位置，因为人性化管理作为一种现代企业管理方式，相对于其他各种类型的管理方式而言，是一种根本性的超越，是更高层次的管理方式。人性化管理的特征为尊重人、信任人、爱护人和激励人。同时，人性化管理要求领导者给予下属权力，让下属在工作中充分发挥主人翁精神，以此激发员工的责任意识、提高生产率和工作质量。这一点，是符合著名的"倒金字塔管理法"的。关于这一法则，有这样一个来源：

20世纪70年代末，石油危机造成世界范围内的航空业不景气，瑞典的北欧航空公司也不例外，每年亏损2000万美元，公司濒临倒闭。在这个危机的时刻，一位朝气蓬勃、极具领导才能的年轻人——杨·卡尔松受命于危难之际，担任了北欧航空公司的总裁。卡尔松接任后采用了新的管理方法，一年后，北欧航空公司赢利5400万美元。这一奇迹在欧洲、美洲等广为传颂。

卡尔松来到北欧航空公司时，公司一派萧条，人心惶惶，员工们不知道公司会走向何处。卡尔松利用3个月时间，在仔细研究了公司的状况后向所有员工宣布，他要实行一个全新的管理方法。他把它叫"Pyramid Upside Down"，我们简称叫"倒金字塔"管理法，也有人称之为"倒三角"管理法。

卡尔松认为："人人都想知道并感觉到他是别人需要的人。""人人都希望被作为个体来对待。""给予一些人以承担责任的自由，可以释放出隐藏在他们体内的能量。""任何不了解情况的人是不能承担责任的；反之，任何了解情况的人是不能回避责任的。"卡尔松的"倒金字塔"管理模式就是在这样一种思维的指导下产生的。

传统的管理构架都是按照这样的顺序从上而下的：决策

者、总经理；中层管理者；一线工作人员。而卡尔松却将这一模式颠倒过来，卡尔松为什么要这样做呢？因为他发现要把公司做大做强，关键在于员工，他个人认为是这样，在管理学上认为一个公司经营得好坏与否，管理者是最重要的。卡尔松在这个"倒金字塔"管理法的最下面，他给自己命名为政策的监督者，他认为公司的总目标一旦制定之后，总经理的任务是监督、执行政策，达到这个目标。那么中层管理人员不变，最上面这一层是一线工作人员，卡尔松称他们为现场决策者。

"倒金字塔"管理法总的含义是"给予一些人以承担责任的自由，可以释放出隐藏在他们体内的能量。"那么，这种管理方法达到了什么效果呢？实际上，卡尔松自身也创造了奇迹。

因此，在管理工作中，领导者应该及时摒弃那些封建家长式的作风，不应该将员工当做工作和执行任务的工具，取而代之的应是尊重员工的个人价值，并真正做到给予下属权力。

另外，给予下属权力也是为领导者自身分担工作的重要方法，在领导工作中，面对看似无法完成的工作任务，最有效的办法就是领导者要知人善任。这样领导可以腾出一些时间和精力抓大事，部属也可以小试牛刀。

授权有一定的灵活性，授权与放权不同。授权是领导将自己职权范围内的部分权力授予下属，让下属承担自己份内的部分工作任务，是为自己找"替身"。

当然，授权不是简单地指派任务。授权时工作项目要尽可能符合被授权者的能力和期望，要明确授权内容与完成期限，要让部属了解自己在授权下必须达到哪些具体目标,以及在什么时间内完成,清楚了这些才能有基本的行动方向。只有做到这一点,才能让下属产生成功完成任务的自豪感,也才能起到真正的激励作用。

激励倍增,赞美是鼓励的最佳方式

从心理学的角度看,人人都喜欢被人肯定,被人赞美。人类最美丽的语言叫赞美,人类最动听的声音也叫赞美。美国著名心理学家威廉·詹姆斯曾说过:"人类本性上最深的企图之一是期望被赞美、钦佩、尊重。"可以说,希望得到尊重和赞美,是人们内心深处的一种渴望。人人都爱听赞美的话,因为赞美能激起人们心灵最深处的自豪感和成就感,从而使其产生美好的心境,而同时,赞美也是人类最高收益的投资,当对方接受了我们的赞美之言,也就接受了我们这个人,自然也就拉近了彼此之间的距离。

因此,作为企业的领导者,也要深谙赞美之公用,尤其是对自己的员工,当员工感受到你的激励和赞美之后,自然信心倍增,将最大的热情投入到工作之中。

很多年前,刘玲还是个公关部的职员,但现在,她已经是该部门的经理了。她还清楚地记得很多年前老板鼓励她的那段话。

那天下午五点多,公关部的很多同事都下班了,刘玲也在收拾东西准备下班，此时，老板走过来对她说："对于你的能力，我非常佩服，我真希望公关部的人都能像你一样，这样工作就轻松多了。对了，为了提高自己的语言表达能力，我想参加演讲会培训。你愿意和我一起参加么？这对我们都有好处。"当刘玲听完老板的话之后，心里美滋滋的，自从那次之后，刘玲更加努力地工作了，她的成长老板也是看在眼里的。

从以上案例中，我们看到了一个领导的一句不经意的赞美对一个员工的激励作用。领导者对下属的赞美，是对下属工作态度和能力的一种肯定，同时，也为他们接下来的工作带来信心。

当然，领导者赞美下属和员工，与一般的赞美自然有不同之处，循规蹈矩、墨守陈规的赞美只会让对方感到毫无新意可言，起不到真正赞美的作用。

那么，企业领导者该如何掌握赞美下属和员工之道呢？

1.请求他们的帮助

领导者向下属求助，是一种极为有效的让下属认识到自身价值和能力的方式，这是因为，一般情况下，领导者的形象都是高大的，其能力也是在下属之上的，偶尔一反常态，表示你存在某些弱点和缺少必需的技能。从员工处寻求帮助，不仅说明了尊重他们的专业技能，也表现出了领导者的绝对信任。

在这里，问题的关键就是应该让请求与工作职责基本或者完全没有关系，并将其当做个人对个人的帮助。

张明是某大型企业的车间主任。最近，公司决定裁员，于是，公司高层决定召开一个关于内部裁员的会议。会上，张明提出了取代裁员的其他选择，但并没有获得大多数成员的支持。在回到工厂时，即将裁员的消息已经人人皆知了。就在全厂会议召开之前，一位员工问他："这么说，要裁员了，不是么？"

张明并没有证实这一点，他说道："我不知道该怎么告诉大家。你觉得应该怎么说？"

他想了想，然后说道："只要告诉大家你尽力了，然后谈谈我们离开后应该去哪里就可以了。"

实际情况真的就是这么简单！

2.询问他们的观点

同样，你需要确保的是，内容与员工的工作职责无关。比如，对于向员工征询如何提高工作效率这一典型的问题，则应当避免。你可以通过其他途径获得。

比如，你可以这样赞扬一位具备相当能力的下属："对于你的组织能力，我非常佩服……"接下来，你可以询问他对于如何招聘更高水平的人才、招聘文书的撰写与简化调整以及其他部门数据收集处理工作的合理有效性等问题是否有自己的观点。这样做，你不仅可以获得有效的、出色的创意，还会意识到存在更有效的方式来发掘员工潜在的技能和能力。

3.授予他们非正式领导权

对于领导者来说，这样做会带来很大的好处。我们不妨想象一下，如果你是下属，你的上级殷切地告诉你："现在工作实在是太忙了……我们在客户方面出现了一个大问题。如果不尽快解决，就会导致客户流失。你能不能找几个人帮我处理一下？"这将会带来多大的动力。

对于领导者而言，授予员工非正式领导权意味着对其技能和判断力的信任。更重要的任务、更高的隐含赞誉会更大地提高他们的自尊。

4.双方合作开展工作

员工与领导者自然是不平等的，因此，挖掘员工价值的有效方法也就是与他们一起完成工作。

总之，对于领导者来说，口头表扬员工的激励效果是非常明显的，但含蓄赞美的效果则会更好。寻求帮助和建议、将员工放在领导岗位上、忽视等级差别共同协作……所有这一切都属于发掘员工真正价值的有效途径。

比马龙效应：有效的施压实现激励

你是否有过这样的经验：你穿着一件新衣服去上班，但无意中你却听到一个员工说你的衣服不好看，刚开始，你不以为然，但一天下来，你却听到很多下属都这样评价，于是，你便开始怀疑自己的判断力和审美眼光了，于是下班后，你回家做的第一件事情就是把衣服换下来，并且决定再也不穿它去上班了。其实，这只是心理暗示在起作用。暗示作用往往会使别人不自觉地按照一定的方式行动，或者不加批判地接受一定的意见或信念。可见，暗示在本质上体现的是人的情感和观念，会不同程度地受到别人下意识的影响。

同样，如果你是企业的领导者，在与员工打交道的过程中，运用暗示中的积极作用，从正面对员工施压，那么，员工便会化压力为动力，他们便会产生超越自我和他人的欲望，并将潜在的巨大的内驱力释放出来，为企业的远景目标奉献自己的热情。这一点，是符合心理学上的比马龙效应的。关于这一效应，有这样一个来源：

古希腊有一位技艺超群的雕刻师，名叫比马龙。他用一颗洁白如玉的象牙，雕刻出一位美若天仙的少女加拉蒂亚。比马龙深深地爱上了她，日夜祈求神将雕像变成真正的少女，和他成为终生的伴侣。最后精诚所至，神被比马龙的痴情所感动，于是将雕像变成少女，比马龙和加拉蒂亚终成眷属，永浴爱河。比马龙与加拉蒂亚的故事，后来成为心理学上广被研究与讨论的主题：比马龙效应。

所谓比马龙效应，就是期望的应验。当人们对自己有所期望时，这个期望总有一天会实现，这就是所谓的"自我应验预言"。

担任管理者的领导，对于部属当然应该有他们的期望，这便是企业管理中的"比马龙效应"。在现代企业里，这一效应不仅传达了领导者对员工的信任度和期望值，还更加适用于团队精神的培养。即使在强者生存的竞争性工作团队里，许多员工虽然已习惯于单兵突进，但我们仍发现比马龙效应是其中最有效的灵丹妙药。

通用电气公司的前任CEO杰克·韦尔奇就是比马龙效应的

实践者。韦尔奇说:"给人以自信是到目前为止我所能做的最重要的事情。"他认为,团队管理的最佳途径并不是通过"肩膀上的杠杠"来实现的,而是致力于确保每个下属都知道自己第一时间内该完成什么,并鼓励他们做到。韦尔奇在自传中用很多词汇描述那个理想的团队状态,如"无边界"理论、四E素质(精力、激发活力、锐气、执行力)等,以此来暗示团队成员"如果你想,你就可以"。对此,韦尔奇找到了一个与下属沟通的最佳方式——写便条。这并不需要他花费太多时间,但却总是很奏效。

有"经营之神"美誉的松下幸之助也是一个善用比马龙效应的高手。他首创了电话管理术,经常给下属,包括新进员工打电话。每次打电话他并没有什么特别的事,只是问一下员工的近况如何。当下属回答还算顺利时,松下又会说:很好,希望你好好加油。这样使接到电话的下属每每感到总裁对自己的信任和看重,精神为之一振。许多人在比马龙效应的作用下,勤奋工作,逐步成长为独当一面的人才,毕竟人有70%的潜能是沉睡的。

那么,根据比马龙效应,作为现代企业的领导者,该如何适当的施压对员工实现激励呢?

1.表达你对下属的期望

有时候,你无意中的一句:"我知道你不会让我失望的……"会让员工和下属找到自身奋斗的目标,看到自己劳动的价值所在。

2.不忘激励、肯定犯错误的下属

当下属在工作中出现失误时,激励有时候比批评更为重要。美国石油大王洛克菲勒的助手贝特福特,因为经营上的失误,导致了公司在南美的投资损失了40%。贝特福特正准备接受批评时,没想到洛克菲勒却拍着他的肩膀说:"全靠你处理有方,替我们保全了这么多的投资,能干得这么出色,已出乎我的意料了。"这位因失败而受到赞扬的助手后来为公司屡创佳绩,成为了公司的中坚人物。

总之,身为领导者,无论下属做得对错与否,都不能视而不见。因为你的成功时刻需要他们的支持和配合。

第7章
细节操作，微小之处往往决定大的成败

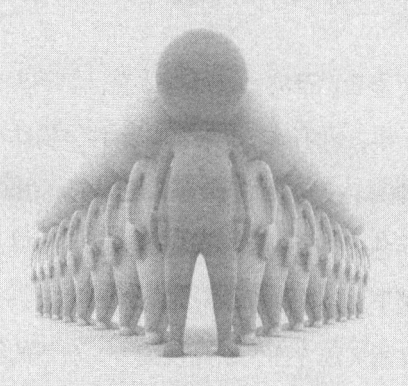

生活中，人们常说，细节决定成败，这一点，也适用于现代企业管理。许多企业之所以失败，往往是由于没有注重细节。把任何细节做到位，企业就不会存在问题。我们身边，想把事情做好的人有很多，但是愿意把小事做细的人却不多；企业不缺少精明能干的管理者，但缺乏精益求精的执行者；企业不缺少各类规章制度，但缺乏不折不扣的执行。因此，一个出色的管理者善于关注细节，善于观察身边的人和事。他们善于抓住问题的要害，善于将问题"扼杀"在萌芽状态。

多米诺效应：每一个环节都不要出差错

生活中，可能我们都有过这样的体会，如果头上掉一根头发，很正常；再掉一根，也不用担心；还掉一根，仍然不必忧虑……长此以往，每天都掉很多头发，那么，我们就会担心自己的身体是不是出了什么问题。的确，有些问题看似不大，但一旦形成连锁反应，就是大问题了。同样，在企业管理的过程中，如果企业或部门或某一项目只注重大的方面，而忽视细节，放任的结果必然是"千里之堤，溃于蚁穴"。实际上，这正是人们常说的"多米诺效应"。

在一个相互联系的系统中，一个很小的初始能量就可能产生一连串的连锁反应，人们就把它们称为"多米诺骨牌效应"或"多米诺效应"。

多米诺骨牌效应的提出要追溯到宋朝。

宋宣宗二年（公元1120年），民间出现了一种名叫"骨牌"的游戏。这种骨牌游戏在宋高宗时传入宫中，随后在全国盛行。当时的骨牌多由牙骨制成，所以骨牌又有"牙牌"之称，民间则称之为"牌九"。

1849年8月16日，一位名叫多米诺的意大利传教士把这种骨牌带回了米兰。作为最珍贵的礼物送给了小女儿。多米诺为了让更多的人玩上骨牌，制作了大量的木制骨牌，并发明了各种玩法。不久，木制骨牌就迅速地在意大利及整个欧洲传播，骨牌游戏成了欧洲人的一项高雅运动。

后来，人们为了感谢多米诺给他们带来这么好的一项运动，就把这种骨牌游戏命名为"多米诺骨牌"。到19世纪，多米诺已经成为世界性的运动。在非奥运项目中，它是知名度最高、参加人数最多、扩展地域最广的体育运动。

最原始的多米诺骨牌玩法仅仅是单线，比赛谁推倒得更多、更远。随后多米诺骨牌从单线向平面发展，人们开始利用多米诺骨牌组成一些文字和图案。现在多米诺骨牌进一步向着立体层次发展，并且应用高科技成果，配以声、光、电的效果，使多米诺骨牌动力的传递具有了多种形式，同时，它的艺术性也增强了。

从那以后，"多米诺"成为一种流行用语。

"多米诺效应"告诉人们：一个最小的力量能够引起的或许只是察觉不到的渐变，但是它所引发的却可能是翻天覆地的变化。

可能有些企业领导者认为，管理就是要宏观调控，抓住大问题，那些小问题是执行者的任务。有句话说得好："一屋不扫何以扫天下？"如果无法完善小问题，那么，又怎么能保证整个管理工作的运行呢？由此可见，企业的管理能力就是处理细节管理能力。

那么，根据多米诺效应，领导者在从事管理工作的过程中，该如何注重细节问题呢？

1.模式化、标准化管理细节

一些大工作的末端可能由千百个小的细节组成，这些细节单靠某个人的经验去监督落实是不行的，也是不科学的，最好的办法就是实行模式化和标准化管理。

这个标准的制定非常关键，需要相关部门领导者认真研究，科学制定，把各个环节都能包含进去。

2.合理安排工作任务

安排下属完成任务这一管理工作看似简单，实则不然。因为这其中涉及的问题有很多，比如，这项工作适合谁，安排给哪个人才会事半功倍，甚至还要考虑怎么样安排怎么样说才能激发员工的积极性。只有考虑到这些细节问题并做到妥善安排，员工的工作效率才会提高，领导者不一定事无巨细，但是注重细节却是很必要的。

3.不要忽视执行工作的监督

标准制定完成之后，就得严格执行了，执行过程中务必求严，对于没落实的问题要严肃追查，经过一段时间的监督后，相信细节问题会有大的提升。

作为员工，他们也会重视细节问题，他们还会认识到，按时完成工作没有错，但是在工作之余他们也会思考，哪些细节是可以注意的，哪些错误是可以避免的，哪些步骤是多余的……总结下来他们会发现，在工作中可以采取更有效的方式把工作做好，而且使领导更满意。

总之，细节问题是工作中最难把握的问题，细节管理也是管理中比较琐碎和较难操作的，但一个企业一旦把所有的细节问题都落实解决了，就会收到意想不到的效果。

第7章 细节操作，微小之处往往决定大的成败

细节管理是成败的关键

现代社会，企业的一切活动，都是围绕生产或经营而组织的有计划、有目的的活动。也就是说，我们可以认为企业的各项活动的部署、安排、结果等，都应当是在预料与掌控之中的，但事实上，我们发现，很多时候，活动进程或结果会事与愿违。为什么会出现这种情况呢？其实，细究下来，我们不难想出是细节上的问题：要么计划或预案在制定的时候某一环节存在缺陷，要么是在实施时某个阶段出现偏差。

因此，作为一名企业的领导者，为了减少管理活动中出现的偏差与失误，更要加强细节的管理，不要相信布置或安排能完成，每一项工作都要时时跟踪时时落实，只有做到对细节的不断深化，才能真正做到工作执行过程的自我提高。例如，每个人的工作量有审核吗？下属汇报有核实吗？今天员工的情绪是否影响到工作？部门的工作是不是每天都在落实？只有从这些细节抓起，做好细节的管理，不要让1%的错误或是遗漏成为100%的失败。才能把工作做得更好，把部门管理得更好。

海尔有位领导曾说过："要让时针走得准，必须控制好秒针的运行。"这句话充分说明了细节管理在企业管理中的重要性。企业不可只注重大的方面而忽视细节，这样企业才能完善自己的管理，创造自己的竞争力，打造自己的知名品牌。

古英格兰有一首著名的民谣："少了一枚铁钉，掉了一只马掌，丢了一匹战马，败了一场战役，丢了一个国家。"这是发生

在英国查理三世的故事。查理准备与里奇蒙德决一死战，查理让一个马夫去给自己的战马钉马掌，铁匠钉到第四个马掌时，差了一个钉子，铁匠便偷偷敷衍了事，不久，查理和对方交上了火，大战中忽然有一只马掌掉了，国王被掀翻在地，国家随之易主。

这个鲜明生动的例子告诉我们"细节决定兴亡"的道理。事实上，一个企业的管理与运营又何尝不是如此呢？一个企业就如同一个国家，每个员工各司其职，都肩负起"兴国安邦"的重任，一个优秀的公司也是由一个个勤勤恳恳，兢兢业业的员工会聚而成的。

老子曾说："天下难事，必做于易；天下大事，必做于细"。每个企业的领导者都担任着为企业制定战略规划和宏伟目标的任务，但有时一些细节的疏忽却影响到整个宏伟规划的实现，其中的每一个问题最终都会在细节上找到理由。细节决定成败，企业要发展就必须注重细节，从小事做起。因此，企业中的每一位领导者也要认真做好每个细节，把细节做亮！这需要从以下几个方面入手：

1.重视细节

对细节是否重视，以及重视程度如何，体现的是一个领导者对待工作的态度问题。一个负责任的、把企业和员工放在心上的领导，势必会关心工作中的各个方面，诸如企业制度的制定、工作流程、工作计划与任务等，并且，他还会真正关心员工的工作和生活以及员工的思想动态等，而这些细节问题落实得好坏与否都直接或间接地影响着公司的发展。

因此，作为领导者，应从内心深处对每一个细节有足够的重视，日常管理工作中，不要凡事追求"差不多"，应下功夫营造出一种实事求是、注重细节、真抓实干的健康工作氛围。

2.抓好细节

无规矩不成方圆。制度既然已经存在，就不能形同虚设，一切都要按章按纪办事，因此，对于企业中出现的违章乱纪行为一定要作出相应的惩罚和处理，而对于员工在工作上的突出表现也应当予以表扬。

另外，如果某项工作出了问题，那么，你需要明白的是，任何一项工作都有一定的流程，一旦出现问题，其原因肯定是工作流程中的某个细节出了问题，如文件的无故丢失、出片时尺寸大小不一致、图片存在问题等。对于这种情况，身为领导者的你决不能敷衍了事、象征性地进行一些批评，事实上，找出问题的原因，并寻求解决问题的方案，是杜绝再次出现此类问题并让员工引以为戒的最好的方式。

3.追求细节

追求细节是一种对工作执着、认真的表现，任何一个优秀的领导者都应该追求卓越。

当然，细节并不是固定不变的，只有不断地发现细节、解决细节中出现的问题，对细节的追求产生执着才是做好细节管理的最高境界。

蝴蝶效应：不要因小失误而酿成大错

日常生活中，可能我们都有过这样的体验：一个错误的数据，可能导致整个报告成为一堆废纸；一个错误的标点，可以使几个通宵的心血白费；一个烟头，就可能导致一场巨大的火灾。这就是细节的力量。小失误往往会酿成大错，著名的蝴蝶效应也对此有所诠释：蝴蝶效应是指在一个动力系统中，初始条件下微小的变化能带动整个系统长期巨大的连锁反应。这是一种混沌现象。蝴蝶在热带轻轻扇动一下翅膀，遥远的国家就可能出现一场飓风。这一效应是这样得来的：

美国气象学家爱德华·罗伦兹于1963年在一篇提交给纽约科学院的论文中分析了这个效应。"一个气象学家提及，如果这个理论被证明正确，一只海鸥扇动翅膀足以永远改变天气变化。"在以后的演讲和论文中他用了更富有诗意的蝴蝶。对于这个效应最常见的阐述是："一只南美洲亚马逊河流域热带雨林中的蝴蝶，偶尔扇动几下翅膀，在两周以后能够引起美国得克萨斯州的一场龙卷风。"其原因就是蝴蝶扇动翅膀的运动，导致其身边的空气系统发生变化，并产生微弱的气流，而微弱的气流又会引起四周空气或其他系统发生相应的变化，由此引起一个连锁反应，最终导致其他系统的极大变化。这被称之为"混沌学"。

此效应说明，事物发展的结果，对初始条件具有极为敏感的依赖性，初始条件的极小偏差，将会引起结果的极大差异。

蝴蝶效应应用到社会中表明，一个看似很小的坏的机制，

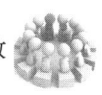

如果不加以控制和引导，那么，势必会给社会带来非常大的危害；相反，一个好的微小的机制，只要正确引导，经过一段时间的努力，将会产生轰动效应。

事实上，"蝴蝶效应"不仅可以运用到预报台风和社会学机制中，在企业管理过程中，任何一个领导者都应当有所启示，工作中一旦失误，就要及时补救，以免铸成大错。可能有些领导者认为，人无完人，谁在工作中能保证万无一失呢？一些小错误无伤大雅。而实际上，蝴蝶效应告诉我们，蝴蝶扇动翅膀都有可能引起龙卷风，那还有什么不可能的呢？"没有什么不可能"，恐怕这就是"蝴蝶效应"给我们的最大启示。在很多时候，事情的成败就取决于不为人知的细节。

作为一个领导者，我们更应该抓住细节来预防问题的发生，来解决问题，来执行自己的决策。著名的企业家彼得·德鲁克说："对企业来说，没有激动人心的事发生，说明企业的运行时时都处于正常的态势，而这只有通过每天、每个瞬间严格地对细节的控制才可能实现。"这里所说的细节，是那些不为人所注意，或难以被大家注意到的管理环节、行为和态度，而且，这些不为人所注意，或难以注意到的管理环节、行为和态度是攸关成败的。

那么，作为企业领导者，在管理企业的过程中，如何防患于未然，及时补救工作中出现的小失误呢？

1.要培养员工重视细节的意识，做到全方位监督，及时查缺补漏这是企业细节管理的重要部分。需要领导者言传身教，在潜移默化中培养员工的细节意识。让员工将细节意识融入到日常的工作中。当员工们在工作中都养成反复检查、确保无失误的习惯时，失误的概率就相对降低。同时，这也有利于对工作查缺补漏，及时发现问题，以便有针对性地解决。

2.一旦发现问题，迅速解决

关于这一点，还是需要领导者付诸行动，领导者应该致力于把"查缺补漏"的精神贯彻到执行中，重视执行的每一个环节。也就是说，领导者在这一问题上不可拖延，否则，会导致问题扩大化，甚至到一发而不可收拾的地步。

海恩法则：任何不安全事故都是可以预防的

人们在工作、学习和生活中，难免会出现一些问题，面对这些问题，人们往往抱着"亡羊补牢"的态度妥善处理，当然，这是必要的，但我们可能忽视了一点，做好安全工作的方法还是将着力点和重心前移，在找事故的源头上下工夫，见微知著，明察秋毫，及时发现事故征兆，立即消除事故隐患。关于这一点，著名的海恩法则能给予我们以启示。

海恩法则是德国人帕布斯·海恩提出的，他是德国飞机涡轮机的发明者，因此这一法则也是一个在航空界关于飞行安全的法则。

海恩法则指出：每一起严重事故的背后，必然有29次轻微

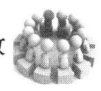

事故和300起未遂先兆以及1000起事故隐患。法则强调两点：一是事故的发生是量的积累的结果；二是在实际操作层面，人自身的素质和责任心是无法被技术和完美的规章取代的。

"海恩法则"多被用于企业的生产管理，特别是安全管理中。"海恩法则"对企业来说是一种警示，它说明任何一起事故的发生都是有原因的，并且是有征兆的；它同时说明安全生产是可以控制的，安全事故是可以避免的；它也为企业管理者生产安全管理提供了一种方法，即发现并控制征兆。

根据海恩法则，我们能对现实生活中的很多问题加以解释，比如近来政府取缔黑煤窑，发生矿难大多不是技术原因，占事故总数90%以上是剐碰事故，主要原因都是麻痹大意违章操作和疲劳作业引发的。另外，在很多企业中，新员工在第一年一般不会出事故或者出现比较大的事故，但在第二年，他们便会疏忽大意，"艺高人胆大"，进入事故高发期，另一个事故多发群体就是一些老员工，自认为技术好，经验丰富，什么情况都能应付，往往酿成大事故。

而假如人们都能有一定的安全隐患意识，在事故发生之前采取有效的防范措施，那么，事故苗头、事故征兆、事故本身就会被降到最低，安全工作水平也就提高了。由此推断，防范第一，才能保证安全！

因此，作为企业领导者，在管理企业的过程中，一定要重视细小问题，只有在防止事故上多用一点心，紧绷一根弦，多尽一份力，才能做到防患于未然。而事实上，很多领导者在这一问题上却存在一个"误区"：只重视对事故本身的总结，甚至会按照结论"有针对性"地开展安全大检查，却往往忽视了对事故征兆和事故苗头进行排查。而那些未被发现的征兆与苗头，就成为下一次事故的隐患，长此以往，安全事故的发生就呈现出"连锁反应"。一些企业发生安全事故，甚至重特大安全事故，问题就是忽视了事故征兆和事故苗头。

那么，怎样在安全工作中做到以预防为主呢？必须坚持"六要六不要"：

一要做足准备，不要手忙脚乱。这里的准备，不仅仅是熟悉工作的内容和环节，更要抓住每一个细节，特别是那些容易出问题的细节。

二要有应变措施，不要束手无策。这里的应变措施是指针对事故苗头、事故征兆甚至安全事故可能发生所预定的对策与办法。

三要防患于未然，不可麻痹大意。任何一起事故，在发生之前，都会有一些苗头，抓住这些异常现象，加以分析、判断和处理，也就消除了事故隐患。

四要借鉴教训，不要固执己见。领导者要懂得吸取其他企业在此类问题上的经验教训，作为本单位安全工作的借鉴。然后，你需要传达这种经验教训，让这些经验教训深入员工和下属心中，做到众人一起排查。

五要推此及彼，不要故步自封。对于任何安全生产上的事例，无论是正面的还是反面的，只要具有典型性，就可以举一反三，推此及彼，进行深刻分析和生动教育，以求安全工作的提高和进步。绝不能停留在固有水平，不求上进。

六要亡羊补牢，不要一错再错。安全事故发生后，你的态度就是吸取经验教训，找到解决的方法，而不应该对事故听之任之。

不要忽略身边的小人物

日常工作中，作为领导者的你，是不是经常忘记某个下属的名字，但某次会议上他却提出了一个建设性的意见，为你解决了一个大难题？你是不是曾经觉得你的助理毫无用处，但他却在某个关键性的场合为你送去了重要的资料？你是否……其实，工作中的每一个小人物都能成为领导者的左膀右臂，发挥着至关重要的作用。因此，作为领导者的你，千万不要忽略你身边的小人物。我们先来看下面这个哲理故事：

从前，一只狮子抓住了一只老鼠，这只狮子禁不住老鼠的苦苦哀求而放了到嘴边的猎物，小老鼠临走时说："以后有机会我一定会报答你的。"

狮子说："你一只小小的老鼠能帮我什么呢？"

……

后来，狮子掉进了猎人设计的圈套，被猎人用巨网网住了，在生命危机的时候，小老鼠带领它的家族成员，咬断了巨网的绳索，狮子得以逃生！

从这个故事中，我们能感悟到一个道理：不要以为人物渺小就忽略他们，有时小人物也会成为我们生命中的贵人，尊重每一位与你相识的人！

同样，管理工作本身做的就是人的工作，一个得不到下属和员工支持的领导是无法将管理工作做好的。另外，很多企业的小人物，他们虽然职位不高，权力也不怎么大，跟你也没有直接的工作关系，但是，他们所处的地位却非常重要，他们的影响无处不在。他们或者资历比你高，或者工作经验比你丰富，因此，他们可以称之为你的前辈，你的工作如果能得到他们的指点，就会少走很多弯路。而如果你忽视他们的存在，甚至目中无人，他们要是在你身上找点毛病、失误，实在是易如反掌。请看下面的故事：

在一家大型公司，有两个领导，一个是行政部经理陈飞，一个是财务部经理向剑，他们俩曾经是高中同学，工作能力上各有千秋。但在为人处世上，他们却完全不一样。

陈飞是个很和善的人，与公司的同事、下属、领导关系处理得都非常好，他很善于走群众路线。在日常工作中，对下属照顾有加，恩威并施。在业务上严格要求，从不放松，员工偶尔出了什么差错，他却能为下属着想，主动承担责任，为下属担保。每次出差，他总不忘给每个下属带点小礼物、小玩意，因此，他深得人心。

而向剑虽然工作成绩也不凡，但在对下属的管理中，却显得太过严厉，让人不敢靠近。一次，一位下属的妻子得了急病，这个下属把妻子送到医院后，急急忙忙赶到单位，耽误了几分钟。在公司，这位员工一直工作努力、从不迟到早退，但向剑还是不问青红皂白对他进行了严厉地批评，并处以相当数量的罚款。结果导致大失人心，怨声载道。

随着时间的推移，陈飞和向剑给公司员工留下了截然不同的印象。后来，在公司内部的人事调整中，陈飞由于工作业绩颇佳，而且口碑甚好，更符合一个高层领导的素质要求，被提拔为副总经理。而向剑工作虽说干得也不错，但他有失人情味的管理方式，在领导看来不得人心，不利于留住人才，只好继续待在原来的位置上。

从这个故事中，我们看到了一个小人物的力量，小人物的力量汇在了一起，足以推翻任何一个"大人物"。在职场上，有很多能力超群、业绩突出的优秀人才，往往因忽视小人物而大栽跟头，壮志难酬。另外，从管理角度看，你更不能小看那些平日不起眼的所谓"小人物"，他们的潜能会让你大吃一惊，甚至在关键时刻帮你解决一些关键问题。

那么，企业领导者和该如何与"小人物"相处呢？

（1）保持距离，不得罪他们，更不要与之产生正面冲突；

（2）和他们交朋友，朋友多了路好走，平时与他们多接触，等到有事才登三宝殿，就为时已晚了。

要记住，你平时花在"小人物"身上的精力、时间都是具有长远效益和潜在优势的。在不远的一天，也许就在明天，你将得到加倍的回报。

注重言行，提高整体素质

任何一个企业的领导者都知道学习的重要性，一个企业的成长离不开管理知识的更新，离不开领导者对成功之道的钻研，同时，还需要领导者从提高自身素质、从注重细节开始。毕竟，领导者代表的是企业的形象，一个自身修养欠佳的领导者是难以服众的。我们先来看看下面这个故事：

刘强是某公司新上任的工程部经理，俗话说："新官上任三把火"。但刘强却是个温和的领导。他不但没有施威，反倒请全体下属吃饭。这天，整个部门的人都聚在一起，而工程部几乎都是男性，饭局还没开始，刘强就叫上了几瓶好酒。

工程部老曾，今年58岁，是公司的老工程师。平素就喜欢喝酒，但几乎每喝必醉。酒席落座后，老曾笑容可掬，向大家点头道："我不能喝酒，少喝，少喝。"

刘强也是个好酒的主，他站起来，对老曾说："曾师傅，你在单位可是响当当的人物，我一直想结识您，今天，我们不醉不归。"于是，他先干为敬。老曾也只好应了他。两人一来二往，一斤多白酒下了肚，刘强身体便有些晃动。没一会儿，便醉倒了。宴请的主人居然第一个倒下了，大家也只好作罢，吃点东西便相继离去。

第二天，刘强醒来，才知道昨天的事做得不妥，实在有失一个领导者的形象。

很明显，作为上司的刘强，为了结交单位新同事而请客吃饭，这是拉近与下属关系的一个良好机会。但他却在酒桌上失态了实在不妥。一个领导者，在言行上应该做到适可而止、掌握分寸。

可以说，领导者加强自身素质，是企业细节管理的重要内容。而加强自身素质，首先要做到的便是注重自己的言行。

那么，一个领导者，该如何注重细节上的言行呢？

1.经常出现在员工中

即使你是一个领导者，也不能总不露面，你应该多到员工的工作或生活中去，多听听他们的意见，让他们感觉到你重视他们。

2.始终保持良好的精神状态

如果你热爱你的工作，那么，它对于你来说，就是一种享受，否则，就是一种煎熬；因此，如果你没有兴趣，不妨换个工作；但如果你决定从事这个行业，你就必须把它做好，精神饱满地面对下属，别人会注意到你的举动。此外，可以试试在谈话中偶尔加上"哇"之类的感叹词，体验一下热火朝天、雷厉风行工作的感觉。

3.学会控制情绪

一个成熟的领导者应该有很强的情绪控制能力。如果你经常把你的情绪带到工作中，那么，你可能会影响到整个公司的工作效率。比如，如果你情绪糟糕，那么，即使下属有事报告，也会畏首畏尾，甚至远离你的办公室，这很可能延误工作。如果你现在是一个领导者，那么，你的情绪已经不单单是你私人的了，他会影响到你的下属及其他部门的员工。而你的职务越高，这种影响力就越大。

除此之外，如果你必须批评一位下属，那么，你应尽量控制自己的情绪，千万不可让下属感受到你对他的不满和偏见。为此，你最好等自己心平气和的时候再找他谈话。

虽然控制情绪很重要，并且，很多领导者已经认识到这一点，但真正能控制自己情绪的领导者却不多见，尤其是对于那些脾气暴躁和追求完美的领导者，控制情绪显得尤为困难。如果你也是这样的领导者，你可以尝试这样的方法，当你非常气愤的时候，可以先默念数字从1到20，然后到户外活动5分钟。

4.协商安排工作，少发号施令

领导者不是发号施令的"监工"。一个能让下属主动"追随"的领导者，依赖的是他（她）的个人魅力和领导力，而不是他（她）手中的"权力"。出色的领导者很少对下属发号施令，他们往往采用和下属商量的方式布置和安排工作。

具有这种特征的领导者往往能让下属真正"心甘情愿"地完成被安排的任务，这样的领导者也往往能营造出和谐的团队氛围。

总之，一个有号召力的领导者，往往能够让员工心甘情愿地为他付出，领导者的这种号召力是看不见、摸不着，但却存在于员工内心的，一个领导者若希望自己有号召力，就必须从细节开始，注重自己的言行！

第8章
改革之法，与时俱进才更有竞争力

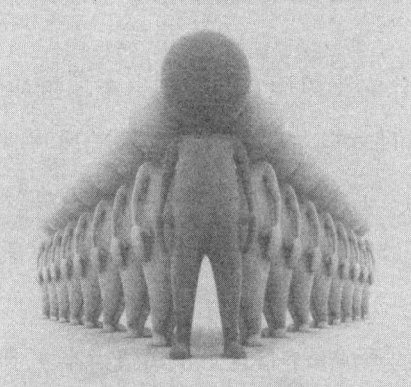

随着以信息技术为主导的新技术革命的突飞猛进，人类社会正经历着又一次深刻的社会变革，当下的企业也步入了变革的时代。任何一个企业领导者，都必须擅长企业改革与创新，然而，现实的变革中，仍然存在着很多问题。有句名言说得好，当你知道想往哪走时，这个世界会为你让出一条路来。创新与改革不需要天才，只在于找出新的改进方法。因此，任何一个企业领导者，都必须勇于突破自我限制、解放思维，为致力于企业改革而努力！

比伦定律：改革不要畏惧失败

我们在工作和学习中，会碰到很多挫折和失败：当我们需要帮助时，可能得到的是拒绝；当我们屡次努力，可能成绩依旧没有起色；当我们想做好一件事而没有做好时，可能会遭到他人的嘲笑、歧视甚至否定；当我们努力想证明自己，却可能屡屡碰壁……于是，我们开始怀疑自己，对自己失去信心，丧失奋发向上的热情和克服困难的勇气。事实上，很多企业的领导者也是如此，正因为畏惧失败，他们便停下了为企业创新改革的脚步。而实际上，任何人包括企业的成功，都是在不断的失败中总结经验和教训，在一条未知的道路上不断摸索得来的。著名的比伦定律阐述的便是这一点。

美国考皮尔公司前总裁F.比伦曾经提出：失败也是一种机会。若是你在一年中不曾有过失败的记载，你就未曾勇于尝试各种应该把握的机会。

这一定律告诉所有的企业领导者，怎样对待"失败"是企业成长过程中回避不了的问题。

的确，无论是企业还是个人，在追求自身发展的过程中，总有机会相伴，但机会常常稍纵即逝。因此，这就要求我们有一种勇于尝试的精神。即使证明自己错了，也不会后悔。因为你把握了机会,而且至少知道了你先前把握机会的方式是行不通的。人们常说失败是成功之母,可见,失败的确是一笔财富。在行业圈子里,流传着宝洁公司的这样一个规定:如果员工三个月没有犯错误,就会被视为不合格员工。对此,宝洁公司全球董事长白波先生的解释是:那说明他什么也没干。

同样,著名的IBM公司也是在历经各种失败之后才走上成功之路的:

IBM公司在1914年几乎破产,1921年又险遭厄运,20世纪90年代初再次遭遇低谷。但是,在一次次纠错中,他们最终战胜了暂时的困难。有一次,IBM公司的一位高级负责人曾由于工作严重失误,造成了1000万美元的损失,为此他异常紧张,以为会被开除或至少受到重大处分。后来,董事长把他叫到办公室,通知他调任,而且还有所提升。他惊讶地问董事长为什么没把他开除,得到的回答却是:要是我开除你,那又何必在你身上花1000万美元的学费?

IBM的董事长就是一个能客观看待失败的人,面对员工带给企业的1000万美元的损失,他很淡然地称之为"学费"。美国管理学家彼得·杜拉克认为,无论是谁,做什么工作,都是在错误中前行的,经历的错误越多,人越能进步,这是因为他能从中学到许多经验。杜拉克甚至认为,没有犯过错误的人,绝不能将他升为主管。同样,现实工作中的领导者们,在为企业改革的过程中,也不要畏惧失败,如若失败,权当为企业和自己交了"学费"。

那么,企业领导者该如何正视改革中的失败呢?

1.让"行动"来治疗"恐惧"

其实,有时候,事情是简单的,只是我们想复杂了,认为它很难。当你做完一件事,回头看时,其实很简单。改革也是如此,只有让自己行动起来,才能赶走恐惧。

2.真正从失败中找到改革的教训和经验

一个有魄力的领导者,即使改革失败了,他也能找到失败的原因,下次改革时应该发扬什么,割舍什么,而不单单从失败中找到能够孕育出成功的"成功之母"。

事实上,没有任何一个企业是一帆风顺的,即使那些百年企业也是如此,尤其是面对改革,它们总是在不断尝试、不断从失败中找出自己未知的很多东西。知道了这些东西,也就把握了即将到来的机会。

作为企业领导者,应该把改革失败当成一种财富,这是因为失败证明了有的路走不通,从而可以换一条路走。

3.深思熟虑,减少失败的可能性

企业领导者在进行一项改革时,就应该知道这是一次机会,有可能会失败,但却不能坐等失败。因此,这里指的是"深思熟虑"的改革。

路径依赖:不要被旧模式禁锢

任何一个企业领导者都深知创新是企业改革永恒的主题,

在市场经济的今天，创新更是企业竞争致胜的法宝。但从总体上讲，很多企业都存在一个问题，那就是被旧模式所禁锢，同时，企业的体质创新活动没有成为多数企业的自觉活动，市场目标不明确，还没有把依靠创新作为市场竞争的取胜之本，缺乏主动从外部获取知识源进行创新的动力和活力。这就是人们常说的路径依赖。那么，什么是路径依赖呢？

路径依赖，又译为路径依赖性，它的特定含义是指人类社会中的技术演进或制度变迁均有类似于物理学中的惯性，即一旦进入某一路径（无论是"好"还是"坏"）就可能对这种路径产生依赖。一旦人们作了某种选择，就好比走上了一条不归路，惯性的力量会使这一选择不断自我强化，并让你很难走出去。第一个使"路径依赖"理论声名远播的是道格拉斯·诺思，由于用"路径依赖"理论成功地阐释了经济制度的演进，道格拉斯·诺思于1993年获得了诺贝尔经济学奖。

"路径依赖"理论被总结出来之后，人们把它广泛应用在选择和习惯的各个方面。在一定程度上，人们的一切选择都会受到路径依赖的影响，人们过去作出的选择决定了他们现在可能的选择，人们关于习惯的一切理论都可以用"路径依赖"来解释。我们先来看下面这个故事：

有人将5只猴子放在一只笼子里，并在笼子中间吊上一串香蕉，只要有猴子伸手去拿香蕉，就用高压水教训所有的猴子，直到没有一只猴子再敢动手。然后用一只新猴子替换出笼子里的一只猴子，新来的猴子不知这里的"规矩"，竟又伸出上肢去拿香蕉,结果触怒了原来笼子里的4只猴子,于是它们代替人执行惩罚的任务,把新来的猴子暴打一顿,直到它服从这里的"规矩"为止。

试验人员如此不断地将最初经历过高压水惩戒的猴子换出来,最后笼子里的猴子全是新的,但没有一只猴子再敢去碰香蕉。

起初,猴子怕受到"株连",不允许其他猴子去碰香蕉,这是合理的。

但后来人和高压水都不再介入,而新来的猴子却固守着"不许拿香蕉"的制度不变,这就是路径依赖的自我强化效应。

同样,在企业管理工作中,企业体质、管理方式的守旧等,我们都可以归结为路径依赖,因此,要加强企业的创新改革的力度,作为企业领导者,就必须在企业管理中摆脱"路径依赖"的强化效应,敢于摆脱旧模式的束缚。

那么,具体来说,企业领导者该如何引导企业创新改革呢?

1.企业信息化

这是解决企业管理突出问题的有效措施,也是市场经济对企业改革的必然要求。实施企业管理信息化是一场深刻的企业管理革命,必然会涉及观念、机构、流程、机制、习惯的改变和企业内部各种利益的调整。

在这条改革创新的道路上,中国的企业还有很多误区,实际上,目前国内大部分企业对企业信息化没有明确的方向,由于阻力大、难点多,实施过程充满艰辛,在不少企业取得成功的同时,也有一些企业走了弯路,而更多的企业尚在观望,害怕风险，裹足不前。

2.加强企业的供应链管理

这是企业改革的新模式。传统的管理模式由于未能形成有效供应链，生产系统响应产品变化的能力差，不能满足多品种小批量的新生产要求，难以适应个性化需求日益明显的新市场特征。供应链管理可以降低供应链总成本、降低供应链上的库存水平、增强信息共享水平、改善相互之间的交流、保持战略伙伴相互之间操作的一贯性、产生更大的竞争优势，进而实现供应链节点企业的财务状况、质量、产量、交货、用户满意度以及业绩的改善和提高。

3.实行可持续发展管理

只有可持续的管理，才是健康的管理。企业管理已由传统化管理进入了现代化、信息化管理的新阶段，无论一个企业采取何种管理形式，在企业管理制度上决不能存在一劳永逸、一蹴而就的思想，要不断地追求能够使企业提高赢利能力、提高资产质量的最佳管理模式，要锲而不舍地营造制度化管理的氛围，使企业在可持续发展的道路上健康发展。

快鱼法则：改革要迅速

当今社会，市场竞争异常激烈，市场风云瞬息万变，市场信息的传播速度大大加快。可以说，谁能抢先一步获得信息、抢先一步改革以应对市场变化，谁就能捷足先登，独占商机。因此，作为企业领导者，一定要明白，这是一个"快者为王"的时代，速度已成为企业的基本生存法则，企业改革容不得你"慢一步"。否则，你就会被市场这个大鱼塘中的"大鱼"吞噬。对此，有个著名的"快鱼法则"。

"快鱼吃慢鱼"是思科CEO钱伯斯的名言，他认为："在互联网经济下，大公司不一定打败小公司，但是快的一定会打败慢的。互联网与工业革命的不同点之一是，你不必占有大量资金，哪里有机会，资本就很快会在哪里重新组合。速度会转换为市场份额、利润率和经验"。

现代竞争"不是大鱼吃小鱼，而是快的吃慢的。"这就是"快鱼法则"。我们再来看下面这个故事：

两个人在树林里过夜。早上，突然树林里跑出一头黑熊，他们中的一个人忙着穿球鞋，另一个人则说："你把球鞋穿上有什么用？我们又跑不过熊！"忙着穿球鞋的人说："我不是要跑过熊，而是要快过你。"

这个故事听起来有点无情，但"快鱼"时代，"快"者生存，竞争就是如此。

根据这一法则，市场竞争下，几乎所有的企业都用尽全身解数进行快速改革，因为市场先机稍纵即逝，速度就成为了获胜的关键因素之一，此时市场的成败，就不能仅仅以"大鱼""小鱼"而论，而要看"快"与"慢"了，形成"快鱼吃慢鱼"的结果。

因此，我们发现，在改革创新发展中，速度成为获胜的关键因素之一。

当然，"快鱼吃慢鱼"强调了企业领导者对市场变化的快速反应，但决不是盲目追求扩张和仓促出击，正相反，真正的快鱼追求的不仅是快，更是"准"，因为只有准确地把握住市场的脉搏，了解改革的方向，快速出击才是必要而有效的。

那么，从"快鱼法则"中，作为企业的领导者，该如何进行快速改革呢？

1."快动"——高瞻远瞩的战略眼光

在激烈的竞争中，谁的紧迫感强，谁的反应快，谁就能领先一步，成为抢占先机的"快鱼"。

当然，"快"其实体现的是一家企业领导者高瞻远瞩、洞察未来的战略眼光，是企业战略远见的表现，而非简单的执行力的效率高。一次成功的企业改革，必定是经过深思熟虑的，之所以会让旁观者认为其行动迅速、先于其他人而动，关键在于其长远的预见性。唯有企业的领导者具有对商业环境和市场态势深刻的洞察力，先于别人看到了未来的趋势和变化，才能从容不迫的作出快速反应和抢占先机。

因此，企业要做经济浪潮中的"快鱼"，其领导者就必须解放思想，具备超前的观念和敏锐的眼光。看准的事，应该雷厉风行，不能患得患失，更不能纸上谈兵。

2.风险意识上的"快"

现代商业环境变幻莫测，一个企业的优势很快就会转化为

企业的劣势，企业时刻面临着未知的突发困难，企业领导者在对企业改革的时候，也必须时时保持着危机感，才能带领企业克服一个个困难，走过一个个困境。

3.高效低廉的管理成本

若企业机构、人员臃肿，那么，企业工作效率就会低下，即便领导者作出极具前瞻性的战略决策，但是由于组织执行力的效率低下，最终还是会失去先机，变成慢市场半拍的"慢鱼"，长此以往，只会被短小精悍的"快鱼"所吃掉。很多大型企业往往不缺乏优秀的领导者、人才和优秀的技术，却往往在市场上败给能力并不突出的小企业，就是因为缺乏高效的管理体制。

总之，如果一个企业的领导者能够具有高瞻远瞩的战略眼光、有着灵活敏锐的市场直觉、保持如履薄冰的危机感并有着高效低廉的管理成本，那这家企业何愁不能成为一家能够时刻作出快速反应的企业？何愁不能成为一条在市场中游刃有余的"快鱼"？

达维多定律：适时淘汰，创造新契机

人的可贵之处就在于创造性思维。正如一个哲人所说："你只要离开常走的大道，潜入森林，你就肯定会发现前所未有的东西。"同样的道理，成功与创新是难以分割的两个方面。一个企业，要想稳占市场，就必须摒弃传统守旧的观念、创造新契机。响誉世界的迪士尼小路就是这样产生的。企业家不是天生的。他们的经历告诉现代企业的领导者们，创业难，难就难在创新和变革这关，谁能迈过去，成功之门就会为谁打开。美国管理专家德鲁克曾说："创新是创造了一种资源。"的确如此，不破不立，要实现创新与变革的前提便是"破"，也就是淘汰旧产品、旧体质。

为此，曾任职于英特尔公司高级行销主管和副总裁的威廉·H.达维多提出：任何企业在本产业中必须第一个淘汰自己的产品。一家企业如果想在市场上占据主导地位，就必须第一个开发出新一代产品。这就是著名的"达维多定律"。

"达维多定律"是以英特尔公司副总裁威廉·达维多的名字命名的。达维多认为，在网络经济中，进入市场的第一代产品能够自动获得50％的市场份额，因此，一家企业要想在市场中一直占据主导地位，那么它就要永远做到第一个开发出新一代产品。与其作为第二或第三家将新产品打入市场，绝对不如做第一家，尽管你的产品那时并不完美。

达维多还认为，任何企业在本产业中必须第一个淘汰自己的产品，即要自己尽快使产品更新换代，而不要让激烈的竞争把你的产品淘汰。这实际上是在"因特网时代"中生活的一个必然结果。

日本企业界知名人士曾提出过这样一句口号："做别人不做的事。"

瑞典有位精明的商人开办了一家"填空档公司",专门生产、销售在市场上断档脱销的商品,做独门生意。德国有一个"怪缺商店",经营的商品在市场上很难买到,例如六个手指头的手套、缺一只袖子的上衣、驼背者需要的睡衣,等等。因为是填空档,一段时间内自然不会有竞争对手。

而事实上,不得不承认的是,现代企业的很多领导者们,在创新变革上,并未做到大胆突破、大胆摒弃,只会走别人的老路。有位经济学家曾讲过一个生动而有趣的事例:

如果一个犹太人在美国某地开了一家修车店,那么,第二个来此地的犹太人一定会想方设法在那里开一家饮食店。但中国人则截然相反,如果一个中国人在某地开了一家修车店,那么第二个来此地的中国人,往往开的也是修车店。

作为企业的领导者,你要明白,即使在人们熟知的行业里,仍然会有许多创新点,关键是你要能够觉察得到。

在一个市场细分的年代,"想不到"的产品其实也就是个性化的产品。在千变万化的市场需求中,不同的人群有不同的需求,因为,任何一个企业领导者,都应该把瞄准这种千差万别的需求当成自己改革的方向,具体来说,需要你做到:

1.具有一种强烈的忧患意识和时不我待的紧迫感和危机感

及时把握创新的机会是一个成功企业应必备的条件,你应该时刻都有一种危机意识:与其让别人迫使自己的产品淘汰,不如自己淘汰自己的产品,通过主动适应市场的变化而获得市场的主导权。

2.不断推出主导市场的新产品

我们都知道,两军交战,要想战胜,必须善以新、奇、异制胜,夺先机之时,赢先机之利,方能制先机之胜。由战争联想到市场,也是如此,任何一个企业必须靠率先在市场推出新一代产品的方式来主导市场,即在一定范畴内,先占者可抢得50%的市场。因为只有新产品才能够主导市场;只有保持"新"的地位,才能拥有"新"的优势。

跳蚤效应:设定限制,会错失机会

生物学家曾经做过这样一个实验:

把跳蚤放在桌子上,然后拍打桌子,此时,跳蚤会奋身跳起,甚至能跳到高于它身高好几倍的高度。接下来,生物学家把跳蚤放在一个玻璃罩内,让它再跳,跳蚤碰到玻璃罩弹了回来。生物学家开始连续地敲打桌子,跳蚤连续地被玻璃罩撞到头,后来,聪明的跳蚤为了避免这一点,在跳的时候,高度总是低于玻璃罩顶的高度,然后再逐渐降低玻璃罩的高度,跳蚤总是在碰壁后跳得低一点。最后,当玻璃接近桌面时,跳蚤已无法再跳。随后,生物学家移开玻璃罩,再拍桌子,跳蚤还是不跳。这时,跳蚤的跳高能力已经完全丧失了。

为什么会出现这样的现象呢?其实这是一种思维定势下的表现。玻璃罩内的跳蚤,会产生这样一种想法:我再跳高了还会碰壁。于是，为了适应环境，它会自动地降低自己跳跃的高度。于是，和刚开始的"跳蚤冠军"相比，它的信心逐渐丧失，在失败面前变得习惯、麻木了。更可悲的是，桌面上的玻璃罩已经被生物学家移走，跳蚤却再也没有跳跃的勇气了。

行动的欲望和潜能被自己的消极思维定势扼杀，科学家把这种现象称为"自我设限"，也就是"跳蚤效应"。

跳蚤调节了自己跳跃的目标高度，而且适应了它，不再改变。很多人不敢去追求梦想，不是追不到，而是因为心里就默认了这个"高度"。这个"高度"常常使他们受限，看不到未来确切的努力方向。作为人类，有什么样的目标就有什么样的人生。

同样，作为一个企业的领导者，如果在管理企业的过程中，安于现状，给企业设定限制，那么，企业一定也和这只跳蚤一样，无法突破创新，更无法做大做强，而随着市场竞争的日益激烈，企业很可能被市场大潮淹没。

因此，一个企业要想取得成功，作为企业领导者，就必须为企业设定一个可以追逐的目标。摩托罗拉公司就是因追逐目标而成功的典型。

在美国企业界，有一个深孚众望的奖项——美国国家品质奖。它象征着美国企业界的最高荣誉。赢得此奖的企业，必须是能生产全国最高品质产品的企业。

为赢得该项奖项，摩托罗拉公司从1981年就开始了竞争。它派了一个侦察小组，分赴世界各地表现优异的制造机构进行考察。目的不仅是看它们怎么做，也要看它们如何精益求精。所有摩托罗拉的员工都面临着挑战，力求大幅度降低工作中的错误率。结果是产品错误率降低了90%，但摩托罗拉仍不满意。公司又设定了新的目标：所生产的电话的合格率达到99.997%。所有摩托罗拉员工都收到一张皮夹大小的卡片，上面标示着公司的目标。公司还制作了一盒录像带，解释为什么99%的产品无故障仍嫌不足。这盒录像带指出，如果这个国家的每一个人，都以99%的品质来工作，那每年就会有二十万份错误的医药处方，更别说会有三万名新生儿被医生或护士失手掉落地上。并问，99%的品质，对于将其性命托付给摩托罗拉无线电话的警察而言，是否足够？

1988年，66家公司开始竞夺美国国家品质奖。大部分参赛单位都是一些像IBM、柯达、惠普等大公司的某一部门，但摩托罗拉却以整个公司为单位参加竞赛，并以绝对的优势轻松夺魁。

摩托罗拉的一名主管声称："得美国国家品质奖，有一种金钱买不到的奇效。"这就是目标的效力，有什么样的目标就有什么样的人生。目标使我们产生积极性。

一个企业，只有在领导者的带领下，做到全体员工不断挑战自我、挑战新目标，做到技术上的精益求精、能力上的不断提高，才能实现整个企业的腾飞。

那么，对此，企业领导人有什么样的责任呢？

1.用知识解放思维

人与人之间没有太大的差别，只是思维方式的不同。成功的人为什么成功，失败的人为什么失败？成功者的成功就在于他们与众不同的思路。因此，如果你能做到摆脱思维的狭隘性，那么，你就具备了成功的潜能。

那么，如何解放思维？没有比学习更好的方法了，只有学习才能搬走"无知"这堵墙。

2.为企业发展制订一个合理的、吸引人的目标

我们周围有许多人都明白自己在人生中应该做些什么，可就是迟迟拿不出行动来。根本原因是他们欠缺一些能吸引他们的未来目标。同样，一个企业领导者只有为企业制定一个合理的、有发展潜能的目标，才能真正把突破与创新应用到现实的管理与经营中！

第9章

危机处理，扭转乾坤反败为胜

任何人的一生，都不可能一帆风顺，企业也是如此，也会出现一些危机事件。危机事件有损于企业形象甚至影响企业的发展与生存，因此，提升领导者的危机处理能力是企业应对危机的重要技能。应对企业危机，要求领导者有突出的信息收集、处理能力和管理沟通能力。领导者更应积极主动承担应负的责任，及时采取补救措施，积极做好预防及评估工作，完善企业管理机制，使企业走可持续性发展道路。

未雨绸缪,暴雨来袭也能抵挡

大凡从事企业管理的领导者都知道,人才、技术、产品和营销等因素是企业现阶段的核心竞争力指标。而这些因素背后的企业文化则是一个企业能够长寿的生命力指标。很多看上去很红火很景气很热闹的企业,常常在突然间就倒下甚至再也起不来了。究其原因,大多是缺乏危机意识所致,或者是危机管理出了问题。因此,一个企业若想保持长久的生命力,其领导者就必须做到未雨绸缪,做好危机的防范工作。我们先来看下面这个故事:

传说,扁鹊有兄弟三人,都行医救人。民间相传扁鹊医术最高,实际上并不是这样。大哥一般是当病人疾病尚表现在皮肤气色上时就已经观察出,并简单地给病人服几剂药就好了,但大家以为他只能治小病,故名声不出乡里;二哥医术差一级,要等疾病已进入病人的肌骨,才识别出并治好,但名声反而到了州郡;三弟扁鹊,医术最低,非要等到疾病已进入腑脏,病人已行将就木了,才知道去医,大动干戈,将之救活,结果反被尊为神医,举世闻名。

所以,真正高明的危机管理并不是危机发生后再启动应急措施,而是善于发现问题并且把危机扼杀在萌芽阶段的危机管理。

因此，企业领导者应该有一种危机意识，要随时想到自己企业可能面临灾难。人当然都不喜欢灾难，避祸是我们的基本思想，但事实上灾难是不可避免的，一生中不遇到灾难可能是极为罕见的事情。所以领导者首先应该在安定的时候有一个忧患意识，就是当危机事件来临时如何应用。

当然，企业在经营当中危险的因素太多了，内部有产品的缺陷、员工素质问题、管理的不完满、法制观念淡薄，等等；外部因素更多，竞争对手的不公平竞争、社会舆论的压力等都有可能导致企业面临灾难。

那么，具体来说，企业管理者该如何做到未雨绸缪呢？

1.树立危机意识

企业领导者不仅自己要有危机意识，还要把这种危机意识贯穿到工作中，让员工也时时感受到危机的存在。只有这样，才能在危机真正到来之前，让企业和员工都能有所准备，而不至于手忙脚乱。

2.设立常设机构进行危机管理

这一机构可由企业的以下人员组成：企业公关部负责人、企业决策层负责人和其他一些主要部门的负责人。

当然，应保证危机管理常设机构的各个成员有畅通的联系渠道，以便危机发生时能在第一时间联系到他们。

3.建立危机预警系统

企业危机的出现，一般都是有原因的，但在出现前，势必会有一些征兆。因此，领导者们可以根据这些征兆，进行企业危机的预测，这些征兆一般有：受到外界环境影响，比如政府、新闻界的关注度突然变得很高；企业的各项财务指标不断下降；对企业或企业领导人形象不利的舆论越来越多；组织遇到的麻烦越来越多；企业的运转效率不断降低。

4.制订危机管理方案

一个成熟的企业，一般都有一套成熟的危机管理方案，这对于危机的防止以及应对都是有效的。实施公关危机管理时，应考虑以下几个方面的问题：

思考可能出现的问题，并考虑到这些问题对企业生存与发展可能造成的影响；检查造成企业与社会摩擦的问题或趋势；确定企业对于问题的态度；对一些需要解决的问题采取的行动方针；实施具体的解决方案和行动计划；不断监控行动结果、获取反馈信息，根据需要修正具体方案。

5.企业内部媒体公关培训

在企业发生危机时，企业公关必须做到泰然自若、态度坦诚地面对媒体，才能帮助企业解决问题，而要做到这一点，就必须事先对企业内部公关进行培训。

6.加强企业内部传播流程管理

适当时候进行危机预演，让内部人员熟悉发生危机时的应对之策。

史华兹论断：危机可能是机遇

任何一家企业，纵使它有百年历史，也可能遇到危机。面对危机，作为企业领导者，如何看待危机、如何处理危机，直接关系到企业能否渡过难关。现实生活中，一些规模宏大的企业没有经受住危机的考验而失败，很大程度上与企业领导者处理危机的能力有关。之所以如此，是企业领导者自乱阵脚而已。

其实，所有的坏事情，只有在我们认为它是不好的情况下，才会真正成为不幸事件。危机究竟会对企业产生怎样的影响，最终决定权还在企业领导者的手中。只要能够从坏中看好，采取有效的措施扭转不利趋势，耐心地找准一个方向，就一定会别有洞天。这样不仅能解一时之围，更能找出企业的病症并彻底消除隐患，使公司增强持久赢利的能力。这就是美国管理心理学家D.史华兹提出的著名的"史华兹论断"。

我们先来看下面这个管理故事：

英国航空公司也曾遇到过一次危机。有一次，一架由伦敦经纽约、华盛顿的英航班因为机械故障，在纽约被迫降落后禁飞。乘客对此极为不满，对英国航空公司怨声载道。该公司立即调度班机，将63名旅客送到了目的地。当旅客下机时，英航职员向他们呈递了一份言辞恳切的致歉信，并为他们办理了退款手续。尽管英航因此损失了一大笔钱，但却起到了力挽狂澜的功效，大大弱化了乘客的不满情绪。英航的这一举措被人们广为流传,这不仅未使英航受到损害,反而大大提高了英航的声誉。此后,英航的乘客一直源源不断。

通过自己的高明手段,英航在危机面前得以变被动为主动。这得益于英航面对危机的一种快速反应能力和积极处理问题的能力。

相反,有些企业领导者正是缺少这种反应能力、突破瓶颈的能力,而无法安然度过危机,甚至使企业陷入瘫痪。

2004年7月,金正集团董事长万平入狱,公司由于失去核心领导,显得束手无策,不仅没有进行危机公关的紧急处理,反而引发了股东之间的内战。显然金正的企业文化存在问题,危机处理手段也比较差。于是企业被恐怖笼罩,步步朝着坏的方向发展,金正高层纷纷出走,经销商倒戈相向,银行查封企业资产,致使企业迅速倒闭。

同样遇到了危机,但是由于领导者处理得不一样,结果就完全不一样。由此看出两家企业领导班子的危机意识是不一样的,也就是领导者的基本素质是有差异的。

英特尔公司前CEO安德鲁在价值五亿美元的有缺陷的英特尔奔腾芯片必须被召回并更换的灾难性事件后,在其自传《只有偏执狂才能生存》一书中说道,商业成功饱含自身毁灭的种子。因为商业环境变化不是一个连贯的过程,而是一系列亮点或者"战略转折点",一个公司运营的基础突然发生变化并且没有预先的警告,这些点的出现可能意味着新的机会或者终点的开始。

因此,作为一个企业的领导者,要想使危机变机遇,就必须具备处理危机问题的能力，为此，你必须做到：

1. 蔑视危机

这有利于增强解决危机的自信心，企业危机既然是客观事实，那么，关键问题是加以解决，而不是手忙脚乱、大失方寸。所以要战胜挫折，首先必须有坚强的意志和高度的自信心。作为领导者，除了自身要有强大的心理承受能力外，还要鼓励员工，因为一旦军心涣散，解决危机的难度就会无形中增大。

2. 分析问题，找到问题背后的机遇

这一点，需要领导者具备全面看待问题的眼光和运用独特思维的能力，也就是设法找到突发事件的根本原因，然后转换思维，并采取一些一举两得的措施，既消除企业的危机，又为企业赢得机遇。

吉德林法则：难题也要从容应对

人的一生很难万事如意，企业也是如此。在瞬间万变的环境下，怎样才能最有效地面对突如其来的打击，并没有一个固定的规律。但是，解决企业危机也并不是毫无章法的，遇到难题，不管你怎样解决它，成功的前提是看清难题的关键在哪里。找到了问题的关键，也就找到了解决问题的方法，剩下的就是如何具体实行了。为此，美国通用汽车公司管理顾问查尔斯·吉德林提出：把难题清清楚楚地写出来，便已经解决了一半。只有先认清问题,才能很好地解决问题。这种观点在管理学上被称为"吉德林法则"。

这一法则告诉任何一个为企业危机管理而伤神的领导者,企业难题与危机在所难免,焦躁、着急、焦虑都无济于事,任何难题,只要从容应对、找到问题的关键,都能迎刃而解。我们先来看看下面这个故事:

在英国的麦克斯亚郡,曾经发生了一件匪夷所思的事。有一个妇女,她的丈夫是个足球迷,他迷恋足球的程度已经到了不能容忍的地步,严重影响了他们的夫妻关系。为此,这个妇女便要求生产足球的厂商——宇宙足球厂赔偿她精神损失费10万英镑。当她提出这一诉讼后,很多人觉得不可思议,甚至觉得控诉毫无道理。但事实上,这个妇女赢得了这场官司,因为这位妇女的要求得到了大多数陪审团成员的支持。想到马上就要支付巨额的赔偿费,宇宙足球厂的老板很是忧虑。

此时,宇宙足球厂的公关顾问认为,现在的问题很明朗,那就是这位女士的控告让足球厂损失了一大笔钱,而如果能通过这次控告重新赚回损失的钱,问题不就迎刃而解了吗?于是,他向公司提出了一个明智的建议:

与其在法庭上与陪审团进行无谓的陈述,还不如利用这一离谱的案例,为公司大作宣传,向人们证明宇宙厂生产的足球魅力之大。

于是,接下来,他们把工作重心放到了与媒体沟通上,让他们对这场官司进行大肆渲染。果然,这场官司经传媒的不断轰炸后，宇宙足球厂名声大振，产品销量一下子翻了四倍。与损失的10万英镑相比，宇宙足球厂算是因小祸而得了大福。

宇宙足球厂为什么会因祸得福？可以说，这位公关顾问是明智的、冷静的，他看到了问题的关键所在，于是，针对这一问题，他提出了解决危机的方法——借助官司这一免费的宣传手段，从而为企业广开销路。

可见，要想解决问题，必须清楚问题出在哪里。找到了问题的症结所在，也就找到了解决问题的办法。所以，遇到问题后首要的就是分析问题，只有这样，解决起问题来才会得心应手，事半功倍。

的确，现代社会，市场经济变化多端，常常让很多企业陷入危机四伏甚至风雨飘摇的境地，一不留神就会走上下坡路。面对难题与危机，作为企业的领导者，你是自暴自弃，让它成为不可逆转的事实，还是把它变成促使你重新奋发的动力？估计任何一个明智的领导者都会选择后者。

具体来说，你需要做到以下两点：

1.把企业面临的问题一一列举出来

企业遇到了哪些问题？针对这一问题，你应该最大限度地列出答案，当你列举出答案后，你会发现，其实问题并不难。

2.找出关键问题，对症下药

正和案例中的这位公关顾问一样，你需要找到问题的关键所在，解决了关键问题，你会发现，其他问题只不过是这一问题的衍生物而已。

信誉危机要尽全力避免

　　任何一个企业领导者，都深知信誉危机对企业发展的杀伤性。所谓企业信誉危机，是指企业由于管理不善或操作不当，使企业在市场中、社会上的威信下降，对企业的经营造成不良影响，使企业处于可能发生危险和损失的状态中。事实上，企业对于信誉危机的处理往往是有相当难度的，因为信誉危机的发生总会不同程度地影响到企业的形象，降低了企业在利益相关者心目中的地位，影响到企业正常的生产经营活动，威胁到企业的既定目标的实现，严重的将导致企业倒闭。

　　俗话讲"防火胜于救火、防灾胜于救灾"。最好的解决企业信誉危机的方法莫过于尽全力避免。我们先来看看国内几大集团在这方面是如何做到有效防御的：

　　在2006年11月新颖出炉的中国第一份信誉调查报告——中国企业信誉100中，海尔成为排名最靠前的中国本地企业，在总榜单的第六位。海尔身居中国企业信誉榜本地的榜首是人们预料之中的，海尔在20世纪90年代初就确定了"首先卖信誉，其次卖产品"的理念，恰是从这一理念动身，海尔制定了创世界名牌的战略，成为中国家电行业的巨人。

　　1985年，张瑞敏当着海尔集团全体员工的面，将76台质量不合格的电冰箱砸毁。就是因为他捕捉到了企业正处在急速上升时期的致命的质量隐患和危机意识不足的管理信息。正确、及时的信息反馈引发的"海尔砸冰箱"事件，砸出了海尔员工的危机感和责任感，砸出了一套独特的海尔式产品质量和服务管理理念，保护了广大用户的利益，"真诚到永远"，使海尔集团由青岛一个日用电器小厂成长为今天的跨国集团公司。

实际上，并不只是海尔集团通过"卖信誉"而赢得公众的信任，很多世界500强也正是坚持这一理念才走上成功之路，这些500强的跨国公司，很多是"百年企业"，这些企业之所以长盛不衰，也是因为在长时间的运营进程中构成的良好信誉。

希望集团，正和它的名字一样屹立不倒，其成功的管理经验之一就是制定企业战略时，始终坚持"企业安全第一、企业发展第二"的原则。

希望集团的管理者在工作中，并不追求创造奇迹，而是注重细节，注重防微杜渐，注重基础管理工作，在执行规章制度上，杜绝下不为例的借口，不允许打折扣。希望集团员工心中形成"制度和纪律是一条不能摸的高压线"的观念，消除不良隐患，保证公司高效运行。

可以说，信誉危机是所有企业危机中危害最为严重的，因为危机状态不仅导致市场秩序失衡，还会给人们带来心理压力、心理紧张乃至心理危机。人们会对企业失去信任、公众批判能力下降，相互影响感染的程度增强，甚至会因此拒绝再接受这一企业的任何产品，而即使信誉危机加以解决，企业在公众心中的形象也会大打折扣。因此，对于企业来说，危机就像纳税一样是管理工作中不可避免的，无时不在，企业领导者必须充分意识到加强防范重要性。

对此，企业领导者需要秉持以下三个预防原则：

1.细致

也就是说，企业领导者要把监督工作做到细致入微，对于任何可能引发产品质量、消费者欺骗问题的行为从源头上杜绝。

2.敏锐

领导者必须观察和发现异常，并由此捕捉危机事件的征兆。这一阶段的危机管理工作最突出的就是信息管理。

3.持之以恒

企业信誉危机的防止最难能可贵的就是持之以恒。为了使企业决策层和大多数员工在危机始发时能更快地、更准确地作出反应，企业必须建立一套预警系统来帮助企业决策层和员工准备就绪，以应对危机的发生，抑祸于开端之际，防患于未然。

处理危机需要的是速度

现实生活中，我们发现一些企业领导者在遇到企业危机后都采取逃离、躲避的态度，他们认为，一切问题会随着时间的流逝而自动解决的。因为他们面对危机的心态通常是：侥幸心理、鸵鸟政策、推卸责任、隐瞒事实，这些错误的态度不仅无助于企业危机管理，反而会造成更严重的危机。事实上，企业发生危机后的一分一秒都是十分珍贵的，因为随着危机的进展，在时间上会失去控制，而随着危机的进展，各种不可测因素也会随之增加，通常是屋漏偏逢连夜雨，即便一个原本与危机并不相关的事件也会被公众认为是危机的原因。

那些能迅速解决危机的企业，通常都是因为领导者有较高的应急能力。我们先以中美史克为例：

中美史克在2000年因为PPA事件，受到的冲击非常大，之前它在国内感冒药市场上有将近六亿元的销售额，占了市场份额80%以上。在感冒药不允许有PPA的情况下这家企业很可能面临灭顶之灾，但是这家企业却处理得非常成功。

中美史克处理事件的速度特别快，2000年11月16公司接到天津卫生局传真，要求立即停止销售含有PPA成分的药物。16日上午，中美史克立即成立了危机管理小组，确定了应对危机的立场基调；沟通小组，负责信息发布和内外部的信息沟通；市场小组，负责加快新产品开发；生产小组，负责组织调整生产并处理正在生产线上的中间产品。

16日上午，他们的危机管理小组发布了危机纲领——执行政府暂停令。不管对错与否，不管有理与否，首先表现了对政府、对社会、对客户的利益的尊重和负责。事发后他们通知经销商立即停止销售，停止广告宣传和市场推广活动。大家都知道，停止销售每天都有巨大的经济损失，高达几百万元。但是在这种危机面前，企业必须承担损失，而不能拿企业的利益与政府、媒体、公众进行对抗，争取在最短的时间内重塑或挽回原有的形象。

中美史克危机处理的经验告诉我们：它们处理危机和突发

事件的速度非常快，并且非常细化，这一点是中国的很多企业做不到的。雷厉风行本身就是积极的信号，一生危机事件出现，不要拖，不要满不在乎，应该积极响应，这是非常重要的。

可以说，在处理企业危机这一问题上，速度就是效益，一旦危机产生，企业领导者首先要明白速度等于一切，每一个部门、每一个合作伙伴都要跟随危机而行动起来，牵一发而动全身。如果企业在时间上失去企业危机管理的控制，那么危机的影响就会随着公众的种种猜测以及媒体报道的推波助澜而一发不可收拾。因此，在危机发生之后的最短时间内，企业必须集中一切能利用的资源来解决危机。

那么，针对这一问题，企业领导者该如何处理呢？

1.稳定情绪

也就是说，企业遇到危机，作为领导者，要表现出积极的态度，不要发牢骚、不要辱骂、不要辩解等，如果这时不控制情绪的话，影响会非常大。事实上，很多领导者在这个问题上做得并不好。很多领导者平时在企业内部就不会控制情绪，高兴了就开会给员工洗脑，不高兴就开会骂人。如果把这种恶习带到公众的面前，只会加速企业的灭亡。

2.抓住五个"第一时间"

第一时间寻求专业公关公司的帮助，进行危机控制；

第一时间通知企业全体员工，已达成意见的一致，避免企业员工在面对采访时不知所措；

第一时间组织人员，对危机事件进行调查，并让新闻发言人发布公司正在采取的措施；

第一时间疏导媒体，尽量让媒体沿着良性的方向对事件进行报道；

第一时间把真相告知政府部门或者相关权威机构，树立公众信心。

通过以上手段，便可以在时间上进行企业危机管理的初步控制，这是在任何危机来临的时刻首先要采取的措施。

参考文献

[1]赵春林,刘春涵.每天学点管理学全集[M].北京:中国华侨出版社,2011.

[2]王新.每天学点管理学全集[M].北京:石油工业出版社,2009.

[3]方向东.每天学点管理学和领导学大全集[M].北京:中国华侨出版社,2011.

[4]赵文锴.每天学点管理学[M].北京:金城出版社,2010.

[5]秋禾.每天学点管理学定律[M].北京:中国纺织出版社,2012.